U0330182

滴水不漏

学位论文
写作与答辩指南

Writing a
Watertight
Thesis

A Guide to Successful
Structure and Defence

［英］迈克·波特瑞
Mike Bottery
［英］奈杰尔·赖特
Nigel Wright
著

毕唯乐
译

华东师范大学出版社
上海

华东师范大学出版社六点分社　策划

目　录

第一部分　动笔之前

第二部分　写作之中

第三部分　完成之后

致　谢

我们在此要感谢很多人，是他们让我们反思自己的论文指导过程，并在不同程度上参与本书的写作，对每一稿提出宝贵的建议。

首先，感谢30多年来所有与我们共事过的学生，关于如何进行指导，我们从他们身上学到了很多。

其次，感谢来自本院和世界各地的博士毕业生，他们欣然同意我们借用他们的经历和成果来阐明书中的某些观点。

复次，感谢邀请我们担任过外审专家的兄弟院校同仁，外审工作丰富了我们的经验——他们当中也有不少人是我们的外审专家。

最后，感谢以下为本书直接提供帮助的人，他们有的阅读了部分章节，有的参与了课题讨论：朱利安·斯特恩（Julian Stern）、彼得·吉尔罗伊（Peter Gilroy）、伊莱恩·金

（Elaine King）、约翰·格林曼（John Greenman）、迈克·怀特豪斯（Mike Whitehouse）、蒂姆·斯科特（Tim Scott）和克莱夫·奥皮（Clive Opie）。

引　言

写作博士论文是一个饱含艰辛、充满困惑的过程,尤其是刚开始的时候,研究生们可能知道自己需要为全部工作提出一个强有力的结构,但却不懂得如何以一种清晰、理性、令人信服的方式做到这一点。本书所展现的就是如何打造这样一篇"滴水不漏"(watertight)①的论文——如何建立论文的结构,如何使它在整个研究过程中屹立不倒。正如书中所解释的那样,"滴水不漏"的关键在于弄清论文的核心问题是什么、从中派生的子问题又是什么,对这些子问题的回答其实共同构成了对核心问题的回答。如果你通篇都遵循并采用这种方法,那么你大可确信评阅人绝难以结

---

① "watertight"是全书的核心概念,其词典释义为"不透水的"或"(措辞等)严密的"。就上述两种义项而言,汉语成语"滴水不漏"可谓最合宜的中译词,故译文在多数情况下以之对译"watertight"。但在少数语境下,为语句通畅起见,"watertight"也会译作"水密"或"无懈可击"等,特此说明。——译者注

构为由而将你的论文评为不合格。

《滴水不漏:学位论文写作与答辩指南》用大量实例阐明了上述论点,它们会告诉你如何使论文变得更缜密。这些例子大多取自真实案例,关于论文内容、相关点评、作者身份等方面的表述,均已事先征得作者本人同意,所引论文也已悉数列于全书最后。还有些例子是我们自己编的,用以阐明某种方法的广泛适用性——在此过程中,我们听取了相关领域专家的意见。本书也为博士生们提供了大量练习,以便他们将书中所学运用于自己的论文写作。

我们最终决定不在书中详细讨论行动研究(action research)和扎根理论(grounded theory)的方法论进路。我们认为,本书采用的方法对这两者依然有效:它们也需要建立论文的结构,使之在整个研究过程中屹立不倒;它们也需要一个核心问题和一些共同回答它的子问题。然而,要探讨这两种进路各自的复杂性,须占用与这本小书颇不相称的额外篇幅。因此,我们为那些对之感兴趣的读者推荐了一些更有针对性的参考书(见附录1)。

《滴水不漏:学位论文写作与答辩指南》将为博士生们的求学生涯提供更清晰的研究思路——它将使整个研究过程变得更易于理解、更富有乐趣,最重要的是,它将使博士论文答辩变得更加轻松。

第一部分
动笔之前

在本书的第一部分，我们着重考察与论文准备阶段相关的核心议题。首先，第一章要考察的是提出"滴水不漏"这一概念的必要性，以及这一概念的含义。接着，第二章就研究计划的结构编排提出相关建议，这将使你在申请和面试环节如虎添翼——这份研究计划很可能就是你论文结构的雏形。最后，第三章探讨的是你与导师最初的面谈，以及这些面谈将如何帮助你编排博士论文的结构，亦即你最初的构想如何转变为一个更加成熟的论文框架。

第一章
让论文"滴水不漏"的必要性

引　言

对于上一代或再上一代的博士新生而言，入学后的头几个月自然是围绕某个主题展开阅读，直到他们慢慢开始了解一篇博士论文需要包含哪些内容。尽管主题阅读是前期的一项重要任务，但如今学生和导师都面临着新的压力：学生都想如期毕业，他们有的自费读博，有的拿了一笔要求在规定年限内完成学业的奖学金或资助，有的甚至还需要养家糊口；而无论哪个国家的博导，也都希望自己的学生能保质保量地如期完成学业，按照既定的职业规划继续发展；此外，导师们还面临着与日俱增的工作压力和来自外界的对其学生按时毕业的要求。因此，学生和导师都想尽可能少浪费时间，尽早确定论文的研究主题、相应的篇章架构,以便接下来顺利开展研究、收集相关论据、最终给出结论。

我们曾为来自世界各地、专业背景各异的学生指导和审阅了160多篇博士论文——这半个世纪的经历告诉我们,其实很多博士生在入学时并不清楚读博意味着什么,不清楚一名优秀的博士该是什么样,也不清楚怎样把时间花在最有用的地方。他们不太明白动笔之前该做什么,尤其是在总体结构的编排方面。本书从一开始就会为他们解决上述问题,特别是帮助他们用一种清晰而令人信服的方式确立论文的结构,使之能够贯穿于整个研究过程。为了做到这一点,他们就必须打造一篇无懈可击的学位论文。

这本书主要是写给博士生的,但它可能也对新晋的博士生导师和论文评阅人有所帮助。那么首先,我们想解释一下"滴水不漏"的论文会有哪些其他论文所不具备的优势。同时我们还要打消你们的疑虑,证明我们在此介绍的方法不只是两三个英国学者的"偏方",而是全球通行的。

那么,什么叫"滴水不漏"的论文?

从根本上讲,"滴水不漏"的论文是指一篇结构完整性极高,以至于其主要论点几乎不可能被驳倒的论文。这意味着,如果你的论文是以这种方式编排的,那么评阅人基本不可能以结构(这是评价博士论文的一个关键指标)为由打出不及格的分数。我们在这里所强调的"滴水不漏",其实借用了造船业中的"水密"(watertight)概念,因为内河船舶和航海轮船的建造者都需要全力以赴地做好防水工作,以确保船舱内部、乘船人员以及所载货物在水面上保持干燥状态。要做到这一点,船舶设计师需要遵循一些原则,具体来说,他们要确保:

- 船舶设计合理;
- 根据指定用途选择合适的材料
- 在船舶施工中,设计和材料二者能协同发挥防渗水作用。

　　上面这些都需要试验,而且不是直到出海前才试验——试验必须贯穿船舶施工的全过程,其中包括检验船舶水密性的航行试验。请看表1.1,你会发现论文写作的前期阶段与之颇为相似。在"设计"环节,我们需要确定研究的大致领域,构思适合聚焦的关键问题,规定问题探讨的语境范围,最终确定能得出相应结论的论文架构。在"材料"环节,我们必须确定回答关键问题需要哪些论据,并确定获取和收集这些论据的调研方法。研究的实际"施工"必须呈现为一篇结构合理的论文,这样才能保证问题、语境、论据、分析四者协同发挥作用,才能对最核心的问题作出正当有力的解答。在谈到"试验"环节时,我们要避免使用"最后"一词,因为这会给人一种它只需在最后阶段进行的错觉:事实上,所有论文都要先经由导师初步审议,再通过中期进展考核[①],在此过程中,你的研究成果会被细致入微地审查——这使得博士论文能在考核过程中不断反复修改,并根据需要尽早进行调整。

表 1.1　水密船舶和"水密"论文的制造过程

	船　舶	论　文
设计	确定船舶的实际用途、航行环境,设计适当的内部结构和外部结构以防渗漏	确定研究的大致领域,构思适合聚焦的关键问题,明确指定的语境范围以及能够"给出"相应结论的论文结构
材料	选用合适的材料以保证水密性,并选定相应的造船方法	确定回答关键问题需要哪些论据,并确定获取和收集这些论据的调研方法
施工	良好的施工能够确保设计和材料二者协同发挥防水作用	一篇结构合理的论文能够确保问题、语境、论据和分析四者协同发挥作用,从而对关键性问题做出正当有力的回答
试验	在实施最终的航行试验之前,贯穿整个建造过程的试验确保船舶具有良好的水密性	贯穿整个研究过程的反复审查使研究能够随时回到较早的步序作必要调整,确保研究最终形成正当有力的结论

[①]　原文为"形成性评估"(formative assessments)。"形成性评价"(formative evaluation)概念最早由美国学者斯克里文(M. Scriven)在《评价方法论》(The Methodology of Evaluation, 1967)一文中提出,指的是项目实施过程中为了解进展情况以便及时调整改进的"中途"评价,因而也称"过程评价",与之相对的是整个项目结束后对最终结果进行评价的"总结性评价"(summative evaluation)。在英国的博士培养体系中,存在大量形成-总结模式(formative-summative model)的评价机制,此处的"形成性评估"相当于中国高校学位论文的"中期考核"或"中期检查"。考虑到中英学术语汇的差异,对"formative"和"summative"等词,译文将尽可能采取本土化的处理方式,如无特殊情况,后文不再注明。——译者注

"滴水不漏法"是否适用于
所有类型的博士研究?

　　获得博士学位的传统途径是攻读学术型博士学位（PhD/D Phil.），其最重要的成果就是一篇不超过 10 万词的学位论文，它会经过数位校内外专家的评审，很多高校也会要求博士候选人进行答辩（viva voce）。然而近年来，博士学位制度发生了相当大的变化，如今，它可谓标准化和多样化并存的矛盾体——标准化体现于日益国际化且大同小异的规章制度，多样化则体现于高度市场化的博士项目。因此，高校为从事博士研究的学生们提供了更大的选择余地。在此过程中也出现了形形色色的"专业型"博士学位，这种学位包含教学和实践的环节，旨在满足在职人士攻读非全日制博士的需求。专业型博士学位包括工商管理博士（DBA）、心理学博士（DPsych）、教育学博士（EdD）和专业性博士（D Prof），要取得上述学位依然需要提交一篇研究型的论文，尽管这些论文的篇幅往往短于传统的学术型博士论文。

　　在学术型博士和专业博士之外，还有"发表型博士学位"（doctorates by publication）。候选人在申请这种学位时，还必须在同行评议的期刊上发表一定数量的、围绕某一议题展开的学术文章，本书的第十二章将会谈到这类文章的写作。其中的关键在于要写一个一两万词的"连贯篇章"

(connective piece)，它将表明论文发表如何促进学科知识创新。

无论哪种形式的论文，它们在连贯性和结构上的要求都是一样的，因此它们都必须做到"滴水不漏"——不过这并不意味着不同形式的论文的要求也完全相同。比如那种认为更短的"专业型"博士论文会比学术型博士论文"更简单"的想法，在我们看来就属于严重的误解：要想用更短的篇幅、更少的字数集中讨论一个明确的、有研究价值的问题，或许会更具挑战性。同样，发表型博士提交的那些文章不一定是像体系化的博士论文那样构思的，因此每一篇文章的论证要求都至少和"正常"的博士论文一样高。所以，无论是哪种形式的博士论文——学术型、专业型抑或发表型——"滴水不漏"的观念都是成功的关键。

"滴水不漏法"是否适用于
所有国家的博士论文？

在过去的二三十年间，全世界范围内出现了一种制订并采用"资格框架"（qualification framework）的趋势。2013年亚欧部长会议（the ASEM Ministers' Conference）的一份报告显示，目前已有142个国家和地区开发了资格框架（Bjornavold，2013）。最初有很多是以国家为单位的国家资格框架（NQFs），但它们随后也被纳入区域资格框架（RQFs）——这些区域性框架中最重要的大概就是欧洲资格框架(EQF，2005)，不过也有其他一些例如东南亚国家联盟的框架(ASEAN，2007)。这些资格框架提供了一系列界定学校教育和后续教育中不同层级的学习产出的标准。如今，关于博士水平的研究成果应具备哪些关键特质，人们已达成诸多共识。在英国的标准中，博士学位获得者应达到以下要求：

- 以原创性的研究或其他新颖的学术研究创立并阐释新知识，其成果能够通过同行评议，拓展学科前沿，具有出版价值。
- 系统掌握并理解某一学科前沿或专业实践领域的广博知识。
- 具备构思、规划、开展一个课题的综合能力，能在本学科前沿领域形成新知识、新应用或新见解，也能根据各种不可预见的情况随时调整原定计划。
- 对开展研究和前沿学术探索的适用方法有深入的了解。(QAA，2014)

中国香港的"资历架构"也认为博士学位获得者应达到以下要求：

- 能从批判性视角展现对某个学科或领域的总体理解，包括对主要理论和概念的评价，以及它和其他学科的广泛联系。

- 能识别、构思并提出具有原创性和创造性的见解，并将之转化为新颖、复杂和抽象的观点和知识。
- 能够在缺乏完整、一致的数据或资料的情况下处理非常复杂或新颖的问题，并做出有根据的判断。
- 在某个专门研究领域或更广泛的跨学科关系上做出重大而具有原创性的贡献。（hkqf. 2017）

最后来看一下加拿大资格框架中的要求：

- 博士学位的获得者必须展现出较高的学术自主性，能够构思、设计、开展一个可以创造重要的新知识或新见解的课题，能够以原始性的研究或创造性的活动创立、阐释一些拓展学科前沿的知识。（Council of Ministers of Education Canada，2007）

我们可以注意一下英国和加拿大标准中表述的相似之处，例如前者是"理解某一学科前沿或专业实践领域的广博知识"（QAA，2014），后者是"创造重要的新知识或新见解""拓展学科前沿"（Council of Ministers of Education Canada，2007）。

我们还可以从一名优秀的捷克博士米哈尔·斯曼尼的论文（Michal Simane，2015）中看到这种共性，它表明其他国家和地区也认同并遵循类似的标准。这篇博士论文的主要研究问题是：

在捷克第一共和国时期的拉贝河畔乌斯季（Usti

nad Labem),捷克的少数民族学校在日常生活中面临的主要挑战是什么？人们是如何成功应对这些挑战的？

米哈尔认为有必要通过考察这一时期的社会、政治、经济背景来引出有关研究语境的问题,进而提出一些更具体的问题,例如这些学校是如何建立和运营的,它们与国外学校的合作情况如何。他也认为有必要问一问哪种方法最适合考察这些学校的日常生活和面临的挑战。上述因素促使他采取三角互证法(triangulated method),其调用的资源包括档案资料、法律法规、史学期刊、当时的照片以及相关学校学生的回忆录。他的结论最终使他对自己研究的区域有了新的理解。根据英国的标准:

- 他以原创性的研究创立了新的知识,其成果通过了同行评议,拓展了所在学科领域的研究前沿,部分成果业已出版。
- 他系统掌握并理解了大量特定的语境性、枢纽性的知识,因此他站在其学术研究领域的最前沿。
- 他用三角互证法证明了他非常了解什么方法适用于自己的研究,因此能够构思、规划并开展一个可为本领域创造新知识、新见解的课题。(QAA,2014)

上面列举的资格框架和博士论文的例子,凸显了提出合适的问题有多么重要和关键,因为正是这些问题使得研究从公认的已知领域转向未知的领域——博士研究的一大成效就是呈现该研究开展前不为人知的见解和材料。

上述不同国家的例子旨在说明绝大多数的博士研究都是在相似的资格框架的指导下进行的,因此我们的方法对绝大多数的博士论题都有效,不论这些研究是在英国、中国香港、加拿大、捷克共和国进行,还是在其他国家进行。

"滴水不漏法"是否适用于
所有学科的博士研究?

本书的绝大部分内容对所有学科的博士论文都适用,这主要是因为不同学科的论文有很多共性,因此都需要用相同的方式做到"滴水不漏"。在这些共性中,最重要的是以下这些:

- 它们都需要对一个核心问题进行描述、解释和论证,并在论文的最后给出相应的结论;
- 它们都需要对论文的结构作描述和解释,说明这个结构如何能够解决这个核心问题;
- 它们都需要解释并证明该研究如何对本学科做出原创性贡献;
- 它们都需要简述并评论与其研究相关的文献;
- 它们都需要对收集论据的方法做出解释和合理性说

明，这些方法是为解决核心问题服务的。

同时，本书将为博士生们示范如何编排论文的结构，使之能够以"滴水不漏"的方式解决核心的研究问题。这一方法将表明，文献综述不仅是对相关文献的评述，而且也是对如何在相关领域进行思考和研究的战略性探索，由此证明所研究问题的原创性。它还将说明，在实证性论文中，研究方法的选择（即如何用恰当的方法解决主要研究问题）为何对论文结构至关重要。无论你从事的是哪个学科的研究，上述考虑以及在论文中正确处理它们的方法，都能大大地帮助你写出一篇观点可靠、无懈可击的学位论文。

不过，不同学科对博士论文在思想和应用方面的要求存在一定差异，这可能会影响结构布局的方式。各学科的论文在内容和结构上会有以下几个方面的不同。

以研究假设代替研究问题

部分学科（尤其是自然科学）最常谈论的是"假设"（hypotheses）而非主要的研究问题（Kerlinger，1969，Bryman，2015）。他们之所以这样做，是因为科学方法建基于这样一种观点：研究者最初需要从某个理论中提炼出一种预设（prediction），然后通过搜集证据来检验这个预设是否正确——如果预设被证实，那么理论的效度得到确证；如果预设被证伪，那么理论也就失效了。这种失效究竟是不是不可改变的，我们持保留意见（参见 Chalmers，2005），但这里要强调的是,这类论文是从预设而非问题入手的,而且这个预设会在文中得到检验。因此,既然这一方法要对假设进行证实或证伪,那么它同时也就限制了人们所能获得的结论:一种假设要么被接受,要么被拒绝。有些人可能会认为,由于科学预设只能聚焦于理论中某个可验证的方面,因此最好采用一种能提出更细致的问题、给出更精确的回答的方法。其实,只要是以恰当方式表述出来的问题,都能发挥相同的作用,其效果自然取决于问题的严密性和侧重点。我们以科恩和马尼恩(Cohen & Manion,1994,p. 18)提出的一个相当笼统的预设为例:

社会阶级背景影响学业成绩。

要把这句话改写成一篇学位论文的主要研究问题是非常简单的——我们将在后文中称之为"研究的主问题"(Major Research Question)即 MRQ——也就是:

社会阶级背景会影响学业成绩吗?

证实上述预设需要证据,解决上述问题同样也需要证据。然而,如果问题被表述成下面这样,它可能就会有一连串的"回答":

社会阶级背景在多大程度上会影响学业成绩?

反过来,把问题改写成预设也未尝不可。我们在此以前面提到的斯曼尼的博士论文(Simane, 2015)为例。米哈尔认为其论文的 MRQ 是:

> 在捷克第一共和国时期的拉贝河畔乌斯季,捷克的少数民族学校在日常生活中面临的主要挑战是什么? 人们是如何成功应对这些挑战的?

那么由此而来的一个需要用证据来证实或证伪的预设就是:

> 在捷克第一共和国时期的拉贝河畔乌斯季,捷克的少数民族学校成功地应对了日常生活中面临的主要挑战。

在上述两种方法中,我们更喜欢"MRQ"法,因为如前所述,这种方法所引出的回答比"假设法"所引出的回答更加细致:毕竟很有可能出现这样的情况,即学校只是成功应对了其中一部分挑战,而另一些挑战只得到了部分的解决,还有些则根本没有解决。单一假设往往会导向非黑即白的结论,使人忽视日常经验中一些细致微妙的差别。论文的结论应更多地取决于问题的性质而非研究方法的性质。在本书的论述过程中,我们会用各种各样的例子说明为什么MRQ拆解法是一种不亚于(甚至优于)"假设法"的论文架构方式。

对知识状态的不同看法

部分学科认为,因研究方法之故,从论文中所获得的论据可被视为"客观的",即不在个人观点可影响或可解释的范围之内。另一些学科则持相反的观点,即认为我们所获得的任何"知识"都是"主观的",因为不论采用何种方法,它都是由不甚可靠的人类有选择性地收集起来的。比起那些更加承认主观性的学科,那些更倾向于视论据为"客观"的学科往往只在论文方法论部分的写作中谈及认识论。

对实在的不同看法

上面那种认为我们所获得的"知识"具有"客观"性的观点,其最根本的基础(或信念)是认为有且只有一个"实在"(reality),因此学术研究能够提供关于这一实在的"更加精确"的描述。与这种"实在论的本体论"(realist ontology)相反,另一些学科则倾向于认为,由于他们对知识状态的看法才是可靠的,关于任何实在都必然有多种见解,因此应该用更有限的"解释主义"(interpretivist)观点看待研究(Denzin and Lincoln, 2000)。这些针锋相对的观点可能会影响不同论文在方法论部分对"本体论"议题的表述方式。关于认识论状态和本体论状态这两个问题,我们会在后续章节中进行更详细的讨论。

在语境重要性问题上的分歧

由上述情形不难推知,不同学科对下面这个问题的看法也不甚相同:历史、文化或专业的"语境"(context)会对研究问题及其结果的性质产生多大影响？如果人们认为研究方法和研究结果可以不受语境的影响,那么在论文内容或结构的编排上就不太会涉及相关讨论。然而,在几乎所有学科中都有一种对研究而言至关重要的语境,那就是所研究主题的研究史。如果人们认为语境会对方法和论据产生影响,那么就会在这方面给予更多的关注,尤其是那些涉及人类研究的论文,因为它们可能受到不同的个人、制度或文化观念的影响。

在立场问题上的分歧

因此,关于研究者的经验、观点、态度、价值观、感知——即他们的"立场"(positionality)——是否会影响研究的进展以及研究的结果,不同论文的看法自然也不尽相同。如果人们认为一项研究基本不会受到这些因素的影响,那么就几乎没有必要讨论"立场"这样的问题。但是,如果人们认为这些因素"形塑"了研究者看待问题和研究问题的方式,那么可能就需要在论文中详细考察、讨论这种立场了。

不同学科对博士论文的不同看法无疑引出了一个问题:一篇论文究竟是否需要包含关于立场问题的讨论？

我们认为,即使像这样一本旨在为博士生们提供实际帮助的书,也仍然有必要提醒博士生好好想想这类问题,因为这些问题触及了博士研究的核心,也就是人类如何获得知识、他们能在多大程度上信赖这种知识。和所有优秀博士论文的作者一样,研究生们也要思考:为什么会有不同的立场?这些立场是否都站得住脚?如何证明这些立场的正当性?这些证明是否应该成为论文结构和论文观点的一部分?

为什么不用"目的和目标"法?

最后,还有一种常见的论文架构方式是使用"目的和目标"(aims and objectives)。尽管它看上去很不错,但我们认为它有一些内在的缺陷。第一个问题就是目的陈述的含糊性。"目的"通常是对相当笼统的意图的陈述,它说的可能是诸如"调查研究得克萨斯州实验室的日常工作和相关政策"或"调查研究芬兰警察部门的职业指导制度"之类的事情,因此可能无法明确说出论文的核心关注点。"目标"也有类似的问题——它很容易变成罗列研究者想探究的一系列问题(它们可能不直接与主题相关)的"愿望清单",而没有明确说出论文的主要论点有哪些。

由此我们就看到了使用"目的和目标"法的核心问题:二者之间通常没有必要而明确的逻辑联系,因此很难说明它们彼此之间的关系。而在"MRQ"法中,"目的"变成了"研究的主问题","目标"变成了"研究的子问题",因此这种联系也变得既合乎逻辑又无懈可击。正如本书接下来要详细论述的那样,研究的子问题是通过考察并提炼"研究的主问题"中的要素而设计出来的——它们不仅来源于主问题,而且它们的具体数量也由主问题的要素所决定。除了这种基本的共生关系之外,如果研究者在浏览子问题之后发现还需要再加一个问题才能说清楚研究内容,那么主问题也必须做出相应调整以吸纳这一额外元素。因此,研究的主问题和子问题是紧密联系在一起的,因为子问题只能从主问题中派生,而主问题是根据研究的要素来设计的。这样一来,对主问题的陈述就不会有含糊不清的地方,而且在主问题所囊括的范围之外也不会出现别的子问题。因此,这种联系是逻辑的、共生的且严密的。我们认为这正是"MRQ"法明显优于"目的和目标"法的地方,我们接下来也会看到,这一优势在论文结构的编排方面显得尤为突出。

现在,我们已经完成了对本书所用方法的解释和合理性论证,是时候进入第二章了。在第二章中,我们将遇到一个以"结构合理"为基本要求的学术场景:申请人向心仪的大学提交研究计划。所以我们接下来要看的就是编排博士研究计划的最佳方法。

第二章
撰写你的研究计划

这一章主要是写给那些需要撰写博士研究计划的研究生的，他们的研究计划将会被相关人员审读和评估。但是也有一些人——尤其是攻读专业型博士学位的人——会把这项任务推迟到入学后的一到两年，因为他们可能需要先完成博士课程的教学环节，然后再撰写研究计划，这份研究计划也有可能是课程教学环节的最后一份书面作业。因此，有些专业型博士学位的申请者可能会觉得这一章与他们无关，但我们不同意这种看法，原因如下：首先，即使在最初的面试和录取阶段，他们也很有可能被问及博士论文的初步构想，虽然细节性的想法在选题最终确定之前随时都可能有变化，但在论文写作方面有些连贯的思路总是有益的；更重要的是，接下来的这几页可以帮助他们更好地完成博士课业，因为这一章所讨论、提出的各种针对结构性问题的建议，适用于一切旨在为之后的博士论文做准备的期末作业。

不过,对于要撰写一份完整的研究计划的申请人而言,在博士申请过程中通常需要做以下三件事:

i　填写正式的申请表;

ii　撰写一份条理清晰的研究计划;

iii　在前两项得到评估之后,多数情况下还会有一场面试。

虽然本章主要讨论的是如何制订、编排一份条理清晰的研究计划,但它对后续的面试环节也非常有用,因为研究计划中呈现的有序结构也能帮助你有效应对面试中的各种提问。

现在,你应该已经查看了目标高校的官网,并且确认了你感兴趣的研究领域有哪些学者,他们甚至有可能正在招募博士生来协助他们完成已获资助课题的部分研究工作。无论是哪种情况,你都要确保你的研究计划清晰明了,否则你被录取的几率就会大大降低。

跟写博士论文一样,编排、撰写一份出色的研究计划也需要反复修改——只有经过若干稿的修改,你才有可能交出一份足够好的终稿。你可能会觉得这个过程相对简单,但其实形成一个"滴水不漏"的结构比你想象的要复杂得多。

首先,你得证明你有一些有趣的想法,它们可能还没完全成形,但如果你能在研究计划中有条理、有逻辑地陈述这些想法,体现出对相关领域文献的熟悉度,并且提出一些方法论上的初步构想,那么你的计划就能给人留下不错的印象。

　　你现在可能已经意识到了,研究计划的结构在很大程
度上就是你未来博士论文结构的"微缩版",因此下面六个
小节将有助于你构思研究计划的主体部分,它们分别涉及:

　　　a 引言

　　　b 关键语境

　　　c 核心概念

　　　d 所需要的证据

　　　e 方法论进路和所采用的方法

　　　f 暂定标题

　　我们将依次对它们进行讨论,并引导你挨个写出相应
的内容,而它们合在一起就构成了研究计划的初稿。然后,
我们设计了一些练习来帮助你修缮这份初稿,它们会使你
的结构布局更加清晰,让你通过检查其中的隐含假设来对
内容进行增删。当然,除了依次就每一部分写上几段话之
外,研究计划中的措辞也能反映出你思维的连贯性。

　　以下几节内容勾勒了一份研究计划的基本结构,你可
以根据上面列出的六个小标题来草拟研究计划的第一稿。

引　言

　　研究计划的引言需要包含以下四项内容:

- 描述你为何对所要研究的主题、议题或难题感兴趣；
- 勾勒相关问题的基本轮廓；
- 交代你的学术背景及其对拟研究问题的影响，并简述你的"立场"；
- 研究计划剩余部分的结构提要。

因此你可以用这样四段话开头，但请不要超过一页A4纸：

a 我对＿＿＿＿＿＿主题感兴趣，因为＿＿＿＿＿＿。

b 我认为需要研究的问题是＿＿＿＿＿＿＿，因为＿＿＿＿＿＿＿。

c 我非常适合研究这个问题，因为＿＿＿＿＿＿＿。

d 在这份研究计划中，我将＿＿＿＿＿＿＿＿＿。

现在你可以在电脑上写下这些内容。

关键语境

在研究计划中，你需要澄清可能会对你的研究产生影响的主要语境。许多语境性的因素是文化或地理的因素，比如"在墨西哥"或"在葡萄牙"。当然，它们也有可能是历史因素，比如"在 14 世纪"或"在 20 世纪 80 年代"。除此之外，还有很多其他形式的语境因素，比如政治、语言、宗教或专业的因素,我们可以根据它们对研究的影响程度来决定是否予以提及。

你可以这样写出其中的重要因素(同样不要超过一页A4纸):

a 在这项研究中,我们需要考虑的关键语境是……

1 ＿＿＿＿＿＿＿＿＿,因为＿＿＿＿＿＿＿＿。

以及,

2 ＿＿＿＿＿＿＿＿＿,因为＿＿＿＿＿＿＿＿。

3 ＿＿＿＿＿＿＿＿＿,因为＿＿＿＿＿＿＿＿。

请在进入下一环节之前完成上述内容。

核心概念

在这一部分中,你需要介绍与拟研究主题相关的概念和文献。没有哪一篇博士论文或研究计划是"横空出世"的,连艾萨克·牛顿都说:"如果说我比别人看得更远些,那是因为我站在巨人的肩膀上。"因此,你需要说明自己已开始查阅与该主题相关的现有研究文献,并指出这些文献与你的研究之间的联系。

现在,请你再用不到一页A4纸的篇幅写出以下内容:

a 与我的论文选题相关的主要文献是＿＿＿＿＿＿＿＿。

b 上述文献之所以很重要,是因为＿＿＿＿＿＿＿＿。

同样,请在进入下一节之前完成上述内容。如果你确实不太了解(甚至根本不了解)这些文献,那么你就需要去做一些功课,或者再找一个你更熟悉的研究主题。如果你打算再做一些功课,那么在此之前最好不要进行下一环节的工作,因为你所掌握的文献资料会影响你对研究计划可行性的判断。

需要获取的证据

在现阶段,研究计划中涉及需要调查的证据类型的所有内容都只是暂定的,因为你会在接下来和导师交流的过程中发现哪些需要改换、哪些需要增补。不过,你依然可以在这里提及在你看来哪些证据对于解决研究问题来说很重要,从哪里可以获得这些证据,以及,根据你所阅读的文献,你认为哪些做法可以提高博士论文的质量(例如对有效性、可靠性、可信度等问题的探讨)(参见 Bryman,2015)。

请继续用不超过一页 A4 纸的篇幅写出以下内容:

a 因此,对本课题而言,可以收集的最有用的证据是＿＿＿＿＿＿＿＿,因为＿＿＿＿＿＿＿＿＿＿。

b 我将尝试通过＿＿＿＿＿＿＿＿来确保证据的充分性。

方 法 论

"方法论"这个术语可能会让学术新手有些摸不着头脑，我们将在第 8 章中更详细地讨论它。但实际上，"方法论"是一个无所不包的术语，它包括你对学术研究的基本原则的看法，包括你对如何选择合适的研究技术或方法的看法，还包括对研究方法实际应用情况的描述和讨论。在研究计划中，在描述你所认为的收集论据的最佳方法之前，你必须先说明你为什么要收集这些论据——也就是说，在描述实现相关目标的方法之前，必须先对目标本身加以说明。

值得注意的是，英国的博士学位授予标准规定，研究方法的选择必须体现出：

> 对开展研究和前沿学术探索的适用方法有深入的了解。（QAA，2014）

不要单单从字面上去理解这句话，因为你的读者并不想看到一本面面俱到地介绍各种研究方法的小册子，相反，他们希望你展现出根据相关主题选择最佳方法的能力，并且能够为此提供充分的理由。因此，你需要用不超过一页 A4 纸的篇幅写出以下内容：

对本课题研究而言，最合适的方法论进路是＿＿＿＿＿

＿＿＿＿＿，因为＿＿＿＿＿＿＿＿＿＿＿＿＿＿＿＿。

在这一方法论进路中，适用于本研究的最佳方法是

＿＿＿＿＿＿＿＿，因为＿＿＿＿＿＿＿＿＿＿＿＿。

同样，请在进入最后一部分之前完成上述内容。

暂定标题

现在，你应该已经把上面所有的内容都写好了。请再通读一遍，看看自己对论文的想法是否还有需要调整的地方。然后，请用一句不超过两三行的话简单概述一下你想要研究的内容：

我想在论文中研究＿＿＿＿＿＿＿＿＿＿＿＿＿＿。

再读一遍你的概述，然后想想如何把它改写成论文的暂定标题。假如你的概述是：

我想在论文中研究法国纪梵希（Givenchy）高端医院整形外科病房助理护士的角色转变。

那么你的暂定标题就可以写成：

　　　　法国纪梵希高端医院整形外科病房助理护士的角色转变。

　　把这行字放到研究计划的最前面之后,研究计划的初稿就算完成了。你可以在电脑上把它保存并命名为"研究计划第 1 稿",这样就能将它和之后修改的版本区分开来,后面那些版本可以相应地命名为"研究计划第 2 稿"等,修改几次就保存几稿——用这些修改稿记录一名写作者的成长点滴,是一种很不错的习惯。在浏览这些修改稿的过程中,你可能还会发现前一稿中删去的内容现在应该重新补回来。因此,保存下来的修改记录可用于备查、参考,在你正式开始写作论文各章节后,也仍应延续这种做法。

进行修改

　　有了研究计划第一稿之后,接下来就会有一系列练习帮助你修改、完善这份文档。除了第六部分(在那里我们将探讨如何有条理地编排研究计划)之外,每一部分都会有一个供你思考的"刨根究底之问"。如果你身边正好有亲朋好友对你的研究感兴趣(现阶段他们可以不是这方面的专家),那么你就可以请他们来帮助你,亦即时不时地跟他们聊聊你打算怎么回答下面那些要"刨根究底"的问题。这类讨论对于推进写作思路大有助益,因为在此过程中,你会有意无意地迫使自己用尽可能清晰的方式表达自己的想法。

第一部分：引言

刨根究底之问：研究重点是否明确？

有些时候，你最好在见面之前先把引言的第一段发给你的朋友看，因为这样他们就不会有压力，也有更多的时间仔细考虑你所写的东西。如果你没法这样做，那么就在见面的时候让他们一边喝咖啡一边听你念或直接看那段话。接着你就可以问他们：

就你听到的或看到的内容而言，你觉得这项研究的重点是什么？

一种可能出现的情况是，你在那段话里写了好几个议题，但他们却从中挑了个在你看来不很重要的。不妨问问他们为什么选择这个方面，然后一起讨论怎样调整表述才能使你想强调的重点更加突出。如果你觉得重点有好多个，那么就要好好想想哪一个（或哪几个）是最重要的，而剩下的那些又在论文中充当了什么角色，以及是否需要删掉其中的一些。请在进入下一环节之前完成上述工作。

练习：考察定义、假设和关系

现在，请你再看看自己写的引言（无论是否和朋友一起），然后用下面三种方法来仔细审读：

1 划出或标出所有重要的概念或短语。想一想你认为
  这些单词或术语的含义是什么，然后看看你想的与
  辞典释义或朋友的看法是否一致，如果不一致，那么
  就要想想你为什么看重这个含义。思考一下你的表
  述中可能有哪些自己没有完全意识到的隐含假设。

2 如果你觉得自己已经很清楚论文最终将得出什么样
  的结论，那就要小心了。一篇论文的重点应当在于弄
  清楚某件事究竟是怎样的，而不在于验证你对某件事
  的现有看法。假如你现在觉得你的论文要证明的是：

  转基因食品对狗的长期健康有害。

  那么你需要把这种看法重新表述为一个问题：

  转基因食品对狗的长期健康有多大危害？

  但是，千万不要只选取那些能佐证你个人看法的证据！
你的论据必须显示出你将在论文中考察某一论点的正反两
面或所有方面。

3 最后，请你想一想这些重要的概念或短语之间有什
  么关系。它们相互之间都有关联吗？是不是有一些
  概念需要先行处理？有没有什么概念与你的主旨基
  本无关？你是打算把这些概念更好地联系在一起，

还是打算完全删去其中的一些?

现在,请你回到"第一稿"的引言部分,修改并调整所有在经过上述思考后你认为需要改进的地方。在处理下一部分的内容之前,请先完成这一任务。

第二部分:语境

刨根究底之问:是否需要更明确地界说会对该研究产生影响的一个或多个语境?

如前所述,尽管可能有一些申请者觉得语境无关紧要,但在绝大多数情况下至少会有一种语境影响他们的研究,那就是他们所研究主题的研究史——但除此之外,其他语境也非常重要。例如,任何涉及人类的研究主题,都有可能受到不同的个人、伦理、制度或文化观念的影响。有一篇博士论文(Albuhairi,2015)研究的是沙特阿拉伯的合作学习(cooperative learning),和许多西方国家不同,在沙特阿拉伯的学校中,这种模式的推行深受伊斯兰教语境的影响。因此,很有必要弄清楚哪一个(些)语境在某项特定的研究中最为重要,并向读者阐明它(们)为何重要。

研究语境经常会出现在最终的论文标题中,这也就是为什么它们应该在你的研究计划的标题中有所体现——这样做不仅能使研究计划的结构更完整,还能增强原创性(Wellington,2013,Guccione and Wellington,2017)。在这里,"原创性"的多重含义得到了真正的体现,那些对自己要求甚高的学生需要明白,让论文具有原创性并不意味着要成为爱因斯坦那样的人(参见 Philips and Pugh,2010)。能在一种新的语境下研究一个主题,这本身就是原创性的一大特征。

【练习】请你再读一遍草稿上的标题,问问自己如果加上研究语境会不会显得更好。如果你觉得是并且能给出理由,那么就请作相应的调整。

现在,请你再读一遍涉及研究语境的部分,看看其中的重点是否足够突出——这一点之所以重要,是因为你一定不希望自己的结论被他人视为过度概括。比方说,如果你探讨的是肯尼亚内罗毕附近乡村某几种飞蛾的贝氏拟态,那么假如你说你探讨的是"肯尼亚飞蛾的拟态",这就是一种过度概括。当然,说成"非洲飞蛾的拟态"的话就更成问题了,因为你对研究语境(以及拟态类型)的表述决定了最终研究结论的普适程度。

你还需要在研究计划中明确提到你对这一特殊语境的了解程度。例如,你可能想要研究"澳大利亚维多利亚州的高级警官制定人质谈判策略的方式"。然而,除非你住在那里并且频繁参与此类工作,或者和从事相关工作的人员保持密切来往,不然你进行的任何研究都会很成问题。同样,这也能让你在研究计划中表明自己的立场(即"你站在哪里看问题"),以及这一立场可能会带给你的视角和问题。

现在,请好好想一想上面的这些问题,然后在进入下一部分之前作必要的修改。

第三部分:文献中的观点和重要概念

刨根究底之问:你的研究计划是否提炼了相关研究文献中的重要观点和重要概念?

如前所述,你需要对拟研究主题的相关文献有相当程度的了解。然而,仅仅做到这一点是不够的,你还需要有条理、有根据地把它们呈现出来。虽然你不可能在这么短的篇幅里写一个面面俱到的综述,但你可以在研究计划中提纲挈领地概述在你看来最为重要的相关文献,这种概括能力也反映了一位博士申请人的学术潜质。

你可以从以下几个重要方面入手来改进文献综述的部分。

首先,在内容方面,请不要事无巨细地一一罗列。尽管你需要在综述中提及相关领域的代表性学者,但你要做的绝不只是提供一份“清单”。古乔内和韦林顿(Guccione & Wellington,2017, p. 89)认为我们需要使用一系列不同的写作“挡速”(gears)。因此,我们首先要做的工作是对已有资料进行转述、概括和分析。面对这些文献,你要考虑的问题是:

• 哪些文献的观点或解释是类似的?

- 哪些文献在概念或方法上对同一主题采取了不同的
  处理方式?
- 该领域的哪个方面是绝大多数的研究者都提及的?

接着就是对已有资料的整合。你要考虑的问题是:

- 是否可以对它们进行有效的分组?
- 如果可以,应该如何归类?
- 你是根据何种"标签"来进行分类的? 比如,是根据
  "实际内容"还是根据"研究方式"?

然后请对这些文献进行评价。你要考虑的问题是:

- 你所阅读的文献有哪些不足之处?
- 你为什么认为它们是不足之处?
- 哪些研究更具有说服力?
- 它们为什么最有说服力?
- 如何使你设计的研究既与这些文献协调一致,又能
  对它们有所推进?

【练习】现在,请你仔细阅读研究计划中现有的文献综
述部分,在读到某些地方的时候,不妨问问自己:

- 我是否已经阐明这一研究主题下的核心议题?

- 我是否已经把采用相同方法或选取相同视角的研究者归为一组？
- 我该如何有效地对这些分组进行归类或标注？
- 我是否已经指出现有文献中的不足之处？
- 我是否已经说明哪些研究是公认的具有开创性的研究，因为绝大多数研究者都会以直接或间接的方式予以提及？
- 我是否已经对所提及的文献进行了评价？
- 我的综述中是否包含了最新的相关研究？

你可以在修改完这一部分后再请你的朋友喝杯咖啡，让他们回忆一下你要研究的内容，然后看看你能否向他们解释清楚为什么某些文献和你的研究密切相关。在你说完以后，问问他们是否能理解你的逻辑，是否觉得你的表述仍然只是简单罗列学者及其作品的"清单"。

最后，仔细回味一下朋友的反馈，然后对草稿中的相关部分进行修改。在完成上述练习之后，你应该会发现这一部分的内容更容易理解、更有说服力也更有条理了。

第四部分：证据

刨根究底之问：你需要为自己的研究收集哪些证据？

在研究计划中，你最好说明在你看来哪些论据是解决论文核心问题的重要证据，但是最好不要在正式开始写论文之前就收集证据，因为在之后和导师的进一步讨论中，你对核心问题和所需证据的想法可能会有变化。不过,现阶段你依然能展现自己的逻辑思维:你可以明确指出,如果要解决的问题是 X,那么最能解释或解决 X 的一类证据就是 Y。现在,请想一想你可能需要什么样的证据——它们可能是实验性的、历史性的或概念性的,既可以是几项调查研究,也可以是对某一问题的几种看法,还可以是文献、文本或影像资料。你可能还想用这些证据来进行三角互证,也就是尝试用以不同方式获得的不同证据来解决同一个问题。

【练习】

现在,请你看着自己的草稿认真想一想:

我是否已经说明在我看来需要用哪些证据来解决我的问题,并且给出了相应的理由?

请再通读一遍,然后调整自己的相关表述,使之能更好地描述或解释你认为你所需要的证据类型。

第五部分:方法论

刨根究底之问:我对方法论的思考是否具有内在的一致性? 目前看来,获取研究证据的最佳方法是什么?

内在的一致性

如前所述,你的研究计划需要有一个部分专门用来说明,现阶段你认为哪些具体方法可以确保研究顺利开展。这一部分也会影响研究计划的整体结构,因此在措辞上须格外小心——很多"涉及方法论"的词语亦有其"日常"用法,这可能会使它们的表意不够精确。因此,检查用词是非常重要的。

【练习】请你将研究计划中用于表达"你想要做什么"的动词单独列出来,然后和框2.1中的动词比对一下,看看有多少词语是重合的。

其中的一些动词实际上反映了你看待"实在"的方式,亦即你对本体论的看法,比如像"discover"(发现)、"examine"(调查)、"find out"(查明)这样的词就体现出你相信存在某种独立于你和你的研究的客观实在。我们可以举例说明什么样的句子能体现这种观点:

我想通过这项研究发现(discover)某种治疗青少年颈部癌症的新药的最佳服用剂量。

研究计划中会用到的动词
account for (解释);analyse(分析);ask(提问);calculate(计算);critique(评论);demonstrate(说明);discover(发现);examine(调查);experiment(试验);explore(探究);find out(查明);illuminate(阐明);inquire(询问);investigate(调研);measure(测量);model(建模);perceive(认识);test(检验);understand(理解)

　　但上述表达也能用于另一种研究计划：

> 　　我想通过这项研究发现（discover）某个样本群体对一些性别问题的看法。

　　如果说我们还能在某种客观的意义上确定一种药物的最佳剂量，那么在谈及对性别问题的看法时仍然使用"discover"（发现）一词就很成问题了，因为它不仅意味着受访对象毫无保留地表达了自己固定不变的观点，而且意味着研究者可以完全理解他人所说的话，同时这些理解不会受到主观看法的影响。因此，如果研究主题涉及对他人看法的调查，那么用"explore"（探究）这样的词来描述对样本群体的调研会更加合适。这类动词以及"illuminate"（阐明）、"critique"（评论）这样的词，体现出另一种关于"实在"的看法：人们（包括研究者本人）对同一实在可能会有不同的认知，而这种认知上的差异正是研究所关注的。

　　另一些动词则具有更浓的方法论意味。如果你发现自己用了像"calculate"（计算）、"measure"（测量）、"model"（建模）这样的动词，还提出了像"what percentage..."（……的百分比是多少）、"what proportion of..."（……的比例是多少）这样的问题，那么这通常意味着你偏好定量研究。还有一些诸如"experiment"（试验）、"test"（检验）之类的术语，它们往往意味着研究者偏好分组比较或假设检验。同时，务必谨慎使用诸如"wanting to measure respondents' views through a series of semi-structured interviews"（打算通过一系列半结构式访谈来测量受访者的观点）之类的说法，因为半结构式访谈在大多数情况下属于定性而非定量研究（尽管这里出现了"measure"）——在这种涉及探究或理解各式各样观点的情况下，最好使用像"interview"（访谈）、"ask"（提问）、"inquire"（询问）一类的动词。

因此，务必注意研究计划中相关动词的隐含意义，看看它们是否与你所采用的方法论进路相符，只要有不一致的地方就应及时修改。得当的措辞能给读者留下思维前后一贯的良好印象，这将对你的面试大有裨益。

思考获取研究证据的最佳方法

如前所述，研究计划中描述证据类型的部分应该放在方法论部分之前，因为证据的性质决定了方法的类型，而不是相反。所以在这一部分，你应该先重述你需要何种证据来解决或阐明论文的核心问题，并给出相应的理由，再说明最适合的研究方法或信息采集技术是什么。这对实证研究和非实证研究同样适用——在非实证研究中，你也需要确定、论证用来研究相关问题的概念方法、思想方法和哲学方法，就像在实证研究中你需要确定、论证你所用的研究技术。

我们之前已经要求你完成了以下内容：

对本课题研究而言，最合适的方法论进路是_____

_____,因为_____。

在这一方法论进路中,适用于本研究的最佳方法是

_____,因为_____。

但现在,你可以结合前面四部分的修改以及修改过程中的思考,重新阅读这一部分的内容并进行相应调整。

第六部分:从暂定标题到初定的研究主问题

到目前为止,你已经完成了包含暂定标题的研究计划第二稿,还剩一项非常重要的任务。请暂时放下你的工作文档,试着从更宏观的角度看问题。现在你可以问问自己:

这份研究计划所提出的主要问题是什么?

在考虑语境问题、为标题和主问题挑选合适动词的过程中,你应该已经对暂定标题做了些调整。经过这番调整之后,一个能够从中引出研究问题的初始标题就形成了。现在,请重新将这个标题改写成一个问题,然后回答下面这个问题:

我研究的主问题是什么?

最后,为了给读者留下深刻印象,你可能不仅要为你的研究拟定一个主要问题,还要提出一个有关概念、文献或语

境的问题,一个有关方法论的问题,以及一个有关研究证据的问题。这些问题看起来可能类似于:

　　我需要讨论哪些概念/文献/语境来说明主要问题?

　　我需要哪些证据来解决主要问题?

　　我最好用哪些方法来获得上述证据?

　　如果你能够回答上面这些问题,那么你现在应该已经有了一份切实可行、结构合理的研究计划,足以应对之后面试中的答辩和讨论。

　　至此,本章完整呈现了一种有条理地编排研究计划的方法。它虽然只是一个漫长修改过程的开始,但却是一个非常不错的开局。下一个阶段就是当你被心仪的大学录取之后,在和导师的第一次面谈时展开更进一步的讨论。下面我们就来看看这些内容,也就是和你的导师一起探讨论文结构安排的前期阶段。

第三章
前期阶段的安排

引　言

上一章我们探讨了博士研究计划的结构编排，而在这一章，我们假设你已经有了攻读博士学位的地方，并已开始同你的导师进行讨论，因此我们考察的是博士求学初期会遇到的结构安排方面的重要问题。第一部分主要关注在和导师的初步讨论中可能会出现的结构性问题。紧接着，我们会谈谈课题研究中合理安排时间的重要性。然后，我们会探讨如何从以往的博士论文中汲取结构编排的经验。最后，我们会让你试着站在评审专家的角度看问题，因为了解一些这方面的内容能在很大程度上帮助你写出一篇"滴水不漏"的论文。

与导师进行初步讨论

在正式提交研究计划、收到博士录取通知之后,你将办理一系列入学手续,然后和你的导师正式见面。在这些前期的讨论中,你应该尽可能清晰地阐明自己的研究思路——研究计划的顺利完成,绝不意味着你不再需要对其中提出的问题作进一步思考,相反,围绕研究计划中的想法展开更进一步的准备性讨论,对于博士研究至关重要。

同样值得注意的是,研究个人课题的博士生和研究导师获资助项目下子课题的博士生在讨论的侧重点上可能有所不同:在最初的阶段,前者需要在论文的框架构思和研究方向上投入更多的精力,而后者则更需要了解导师的主课题,以及如何开展相应子课题的研究。

但不论是哪种情况,博士生们都需要养成交流想法、应对挑战和适时修正的习惯——从最初的面试直到最后的论文评审,这种形成性的讨论和评价始终是博士生涯的重要组成部分,在此过程中会有很多诸如此类的讨论。如果导师批评、质疑你的想法,请不要沮丧,因为一名优秀的导师不仅是辅助性的指导者,还需承担挑剔的评审者的角色,因此他们会从评阅人的角度审读你的论文。他们这样做不是为了贬低你或者贬低你的想法,而是为了帮助你更好地了解研究课题的关键点和大方向。

现在,当你和导师第一次见面时,距离你写完研究计划可能已经过去了好几个月，在此期间你的想法或许已有所改变或有所推进，所以你最好撇开原先的研究计划重新阐述你的想法，因为你现在认为的研究重点可能和当时写的不一样了——这样一来，你也能更灵活地陈述并推进先前的思考。同时，这种讨论也能让你的导师更好地了解你对博士研究的看法，以及你们的观点在多大程度上是一致的。

第一次面谈常常会让人觉得手忙脚乱，特别是对那些研究计划写得没那么有条理的博士生而言——他们在入学的时候可能还没想好合适的研究主题，手头只有"专题论文合辑"，即一些围绕某个主题撰写但没有核心焦点的文章。这些文章可能是相当不错的学术作品，但他们必须马上意识到，如果要将它们用到博士论文中，就得尽早和导师讨论清楚论文的主要目标和具体章节的安排。这种"专题论文合辑"有时候可以转化成一个真正的研究焦点，但有时候这些前期工作并不能做到这一点，这时候就得把它们放到一边，或者只用其中的某一些。

无论如何，经过最初的几次讨论，你理应对你的研究主题、具体问题以及如何选用适当的研究方法有了更清晰的认识。同样，在这一阶段，不同博士生在想法的清晰度和进展方面也存在差异：从事子课题研究的博士生应该已经从导师那里获得了强有力的观点支持，因为导师往往对研究本身有更全面的认识；而对于那些"学生自主性"更高的研究来说，学生和导师或许很快就能对论文的整体结构形成一些初步看法，但学生可能还需要更进一步的讨论和探索。

合理安排时间

初看起来,三四年的全日制学习或更长时间的非全日制学习似乎足以完成前面所说的任务。然而时间总是过得很快,如果你没有进行合理的安排,它很快就会从你手中溜走。在这里,我们至少要考虑三种不同的时间管理:科研时间管理、社交时间管理和指导时间管理。

科研时间管理

有关科研时间管理的内容,大都已由导师和高校写在博士生的培养计划之中。很多高校都对研究生和导师每年的见面次数做了全面、详细的规定,尤其是关于具体时间、面谈形式和评价方式的内容。在某些国家,攻读博士学位的研究生还须修读与研究技术和研究方法相关的模块课程并通过考核——这些课程及随堂作业也应计入科研时间。此外,如今的高校也常常会在每一学年结束时安排导师组查看博士生的培养材料,与博士生本人及其导师座谈讨论目前的进展——这相当于中期答辩(formative vivas)了。因此你的学术工作中已经包含了大量的内容。

但你仍然需要认真地为自己做些规划。博士学习年限长短不一,因而在此讨论任何特定时长的学习规划都无济于事,还不如按实证性和非实证性将论文的写作过程各分为三个时间阶段。如表 3.1 所示,我们把实证性论文写作的每一阶段再分成主要任务、"扫尾"任务（上一阶段的遗留任务）、"后续"任务（目前可做准备工作的下阶段主要任务）。而非实证性论文的这种划分则会更简单也更灵活：第一阶段要做的可能主要是评述将会涉及的相关文献和将要使用的概念工具，第二阶段要做的可能就是将概念工具运用于相关文献，而第三阶段要做的就是针对研究的主要问题得出一系列结论。我们将在本章的稍后部分进一步探讨这个问题。

在实证性论文写作的第一阶段，我们建议你多把时间花在明确研究焦点和研究问题、确定论文整体结构、明确相关文献和检索方式、撰写前几章的初稿等任务上。但是，当上述工作接近尾声时，你可能也对研究方法论、所需证据类型及其获取渠道有了一些比较明确的想法。因此，如果你写的是实证性论文，接下来就要开始编写试测材料（the piloting of materials）、安排研究日程、开展访谈（或问卷）的前期联络和知情同意工作，其中的一些工作还会延续到第二"阶段"。如果你写的是非实证性论文，那么就需要将更多的时间花在确定和论证拟使用的概念方法上。

进入第二阶段之后，如果你需要实地调研，那么这一阶段的主要任务就是处理和收集数据，在此期间可能需要大量的交通和人际往来，需要根据意外状况随时调整日程安排，需要整理大量实验数据、问卷调查结果以及访谈录音文稿。同时，你还需要做一些"扫尾"工作：方法论部分可能还没写完，论文最前面的几章可能还需要修改，因为你又读了一些与主题相关的文献。在进入第三阶段之前，你应该对如何组织材料、如何进行写作心中有数。

在第三"阶段",你可能会完成最后的数据收集,并再次修改之前撰写的章节。对实证性论文而言,这一阶段的主要工作是在相应章节中对数据进行分析和评估,并由此得出结论和建议。不论是实证性论文还是非实证性论文,都必须做到论证严密、主旨突出——这可能要求你对最初的章节进行一些调整。

这一阶段恰好也是你最容易厌倦、想尽快结束写作的阶段,因此它也是最危险的,因为这种心态会使你的论文草草收尾。但是,哪怕在处理论文最后部分的结构时,在处理诸如引用、附录、页码之类的关键细节时,你也仍然要一如既往地坚持自己设定的标准。

表 3.1　实证性博士论文写作中不同"阶段"的任务

任务 阶段	主要任务	"扫尾"任务	"后续"任务
第一 阶段	(i)确定研究重点和研究问题;(ii)编排论文结构;(iii)确定相关文献的资料来源;(iv)撰写论文最前面的几章		(i)明确方法论的相关问题并撰写对应章节;(ii)编写并试测调研材料;(iii)安排研究进度
第二 阶段	(i)开展研究,收集实证数据	(i)结束文献综述部分的写作;(ii)撰写有关方法论和具体研究方法的章节;(iii)编写并试测正式材料;(iv)调整研究安排,修改之前撰写的章节	开始描述和分析前期的实证数据

（续表）

任务阶段	主要任务	"扫尾"任务	"后续"任务
第三阶段	(i)分析和评估调研结果；(ii)得出论文的最终结论；(iii)撰写最后几个章节；(iv)定稿并提交	(i)进行最后阶段的研究数据收集；(ii)修改之前的章节	准备发表事宜

上面提到的这些问题都需要和你的导师进行讨论，你最好也做一张时间表，在表中注明期间的几个阶段性目标及其预计完成时间。当然，和论文的其他部分一样，这个草拟的时间表也要根据新的需求、新的挑战、新的机会随时进行修改——我们完全可以预见到这一点，因此刚开始的时候不必在这上面花太多时间。不过你还是得留意这些时间点，因为如果说你在第二阶段的时候还没完成文献综述部分，或者在第三阶段的时候还没完成数据收集，那么形势就有些紧迫了——虽然任何涉及你课题进展的学术会谈都会提到这些时间点。

非实证性论文写作的后期也会出现同样的问题，即需要我们克服厌倦心理，应对交稿期限临近的压力，以确保整篇论文的质量。如前所述，和实证性论文一样，非实证性论文也需要有一个核心焦点及与之相应的研究问题，也需要分析相关领域的研究文献，也需要通过整理与中心问题相关的论据得出一系列结论。在这里，我们同样不能遗漏方法论：以一篇颇受赞誉的理论性学位论文为例，王秉豪

(Wong,2005)曾在"有关方法论的思考"一章中点明,哲学诠释学的研究方法对于他研究香港的灵性教育至关重要——这也证明了"方法论"的内容不仅包括研究手段,还包括调查研究和数据收集背后的理论依据。因此,灵活安排三个阶段将对论文写作大有裨益:首先明确研究焦点和研究问题,然后在最初的文献检索之后,对新的文献和证据进行更深入的研究和讨论,最后得出一系列结论和建议。

社交时间管理

影响你如期完成计划的一部分阻力来自学术本身,比如要用另一种语言进行研究和写作,要用批判性写作取代描述性写作,甚或只是单纯觉得学术研究既累又难。然而,还有相当一部分阻力来自"社交时间管理",这些事务的重要性往往不亚于学术,比如家庭责任、博士期间的工作危机,以及诸如伤残病痛、科研时间分配、劳逸平衡之类的个人问题。

社交时间管理方面的某些困难看上去是可预见、可规划的。然而,正如一个老笑话所说的那样,如果你想让上帝发笑,那就告诉他你的计划。虽然人们可以为迎接新生命的到来做诸多准备,但有过孩子的父母大都会对生活的变幻莫测深有体会。此外,这些困难的形式和程度总是因人而异,而且其中的一些可能非常严重且难以预料,例如突发疾病、至亲离世、新的工作要求、婚姻危机。对于这样的困难,没有也不可能有任何简单的解决办法,但请你务必牢记马拉松运动员和短跑运动员之间的区别：马拉松运动员知道还有很多路要跑，所以他们在制定战术时会充分考虑跑完全程需要多少时间、哪些赛段难度最大，以便为最后的冲刺积蓄体力。这一说法也适用于博士生，因为他们同样要留意"比赛"的时长、将面临的挑战、需要保持的进度，以及需要为"冲刺"和意外状况留出多少余量。因此，无论在什么样的博士研究规划中，保持自身节奏、为突发状况留足余量都是必不可少的。

指导时间管理

最后，我们来谈谈你和导师之间的关系，具体说来就是你和导师对彼此时间的占用（Philips and Pugh, 2010）。古乔内和韦林顿（Guccione & Wellington, 2017）现在不太喜欢"supervisor"一词，因为它似乎意味着这一角色的主要职责是对学生的研究工作进行建议、监督和检查。相反，他们更愿意使用"coach"一词，理由是（p. 7）：

> 一名优秀的导师（coach）会尽可能少提意见，多问一些能激发批判性思考的问题。

我们并不完全认同这一观点。刚入学的时候，大部分博士生可能希望有较多的建议和指导，而且很多博士生也不太确定自己的研究是否能达到博士水平，因此他们希望有人能给出批评意见，帮助他们更好地了解自身进展以及如何提升。与此同时,导师们如今也需要在高校和政府所规定的范围内开展工作,这些文件要求,在整个论文写作的过程中都要有导师的建议和监督。尽管如此,古乔内和韦林顿的看法在大体上还是正确的:导师和学生之间的关系应该随着论文的进展而有所变化,因为博士生会对他们所钻研的主题越来越了解——在这种情况下,导师的"督导"作用就会慢慢被"辅助"作用(即通过提问来激发更进一步的批判性思考)所取代。假如这种关系上的转变迟迟没有发生,那么师生双方就都要引起重视了。

此外,仅仅遵循这些规则和要求是不够的,博士生们还需要明白结构规范和论文要求背后的原因。换言之,你不应该只是单纯地接受建议,而是应该在有疑问的地方寻根究底。我们不建议你把问题藏在心里,你应该不时地与你的导师或学友一起交流、探讨和反思。

指导过多与指导过少

从上面的分析中不难看出,不同的人对指导方面的"过"和"不及"有不同的看法。对于那些更喜欢"supervisor"而非"coach"的人来说,辅助式的指导就是指导得不够;而对于那些更喜欢"coach"而非"supervisor"的人来说,督导式的指导就是指导得太多。事实上,如果你画两个坐标轴,一个表示导师的指导程度(由少到多),一个表示学生对导师指导的偏好程度(由少到多),那么你就会得到四个象限,而其中只有两个象限内的师生关系是和谐融洽的。

然而,无论学生喜欢怎样的导师,他们都必须要学会不再依赖导师乃至超越导师,但到头来只有良好的师生关系才能帮助学生做到这一点。当然,除非出现最糟糕的情况,即辅助型导师(coach)真的不肯提供任何建议,而只在研究刚开始的时候提些问题,或者是随着论文进展的深入,督导型导师(supervisor)依然不肯减少直接性的指导——在这种情况下,师生关系的潜在危机似乎就需要靠外部力量的介入来解决了,甚至需要由学校层面的行政领导出面解决,现如今绝大多数高校都已经有了处理此类矛盾的有效机制。

知道应该问什么问题

然而,对于所有博士新生而言,最大的困难可能不在于提问题,而在于不知道应该问什么问题。我们在此提出三种主要的解决方法:一是与你的导师交流,二是与已毕业的博士交流,三是细读以往的博士论文。

1 与你的导师交流。导师应该被视为一种非常宝贵的资源,因为他们不仅自己拥有博士学位(因而对何谓成功自有体会),而且还可能指导过各式各样的博士生。他们知道,博士论文完全通不过的情况很少见,但他们也知道,对于博士论文的评价标准有很多,在论文通过之前还需要做哪些额外的工作。因此，最好问问他们对于这些问题的看法。他们可能会现身说法、援引特例，也可能会提到他们当时有关博士培养的相关规定，这些都能为你提供有用的背景信息。当然，这仅仅是一个开始，你们的交流理应随着论文的推进、理解的深入、师生关系的发展而走得更远。

2 与已毕业的博士交流。一种更轻松的方式是和那些已经获得博士学位的学长谈谈，请他们回想一下当时遇到过的问题。他们说的某些问题你可能已经想到了，但对于那些出乎你意料的问题，可以多聊几句。一旦真正了解了这些"意外"情况，你就能为此做更充分的准备——在这样做的时候，你其实已经在试着从结果反观问题了，因此就能更清楚地知道自己会碰到什么情况、需要做哪些事情。通过了解影响最终评审结果的重要因素，你可以从中汲取经验并运用到前期的论文写作之中。

3 细读以往的博士论文。了解该问什么问题的第三种方法就是从已经完成的博士论文中吸取教训。在你进行前期文献检索的时候，导师通常都会建议你读一些这一领域的博士论文，它们将在相关文献的综述方面为你提供示范。虽然每篇论文对所涉领域的贡献不尽相同，但它们都有一些可供科研新手借鉴的元素，尤其是以下三项：

（i）看论文的摘要。好的论文摘要能让你立即对论文的结构有一个直观的把握。摘要是论文开头的一个简短概括,对于想要了解主要内容和基本结构的读者和评审专家来说特别有用——它需要说明研究语境、主要内容、研究方法、用于收集数据的样本的大小和性质、最终的研究发现和结论,这些内容通常需要四五百词的篇幅。

　　一些论文摘要很好地完成了这项工作,另一些则不然,因此读一些与你研究领域相关的论文的摘要是非常有用的。读完这些摘要之后,你还可以根据陈述的条理性给它们打打分(满分10分),然后想想自己为什么这么给分——那些打了高分的摘要可以帮助你更有条理地撰写自己的摘要。

(ii) 看论文的导论部分。另一个能够体现论文条理性的重要部分就是导论。在后面几章中,我们会告诉你一个条理清晰的导论对论文而言有多么重要。导论部分在很大程度上就是论文摘要的扩展,它能帮助读者更好地理解“论文架构”。要做好这一点,导论部分须包含以下内容:

a 全面概述论文的研究焦点,提出关键的研究问题;

b 围绕全文论述重心,说明每个章节的作用;

c 有条理地简述每个章节的主要内容;

d 解释论文各章节为何按现有顺序呈现。

同样，博士新生也可以通过多读一些论文的导论来了解导论的作用。如果你之前已经读了某些论文的摘要，那么我们建议你现在读读它们的导论部分，并根据上述标准进行评分——写得好的导论都会清晰地呈现整篇论文的基本架构，能让你明白如何更好地写作这一章节。

(iii) 看论文的结构安排方法。就这一点而言，一种非常有效的方式是在每一章结尾进行承上启下的总结和预告，这样一来读者就能马上明白各个章节是如何紧扣主要问题而衔接起来的。

(iv) 再次与已毕业的博士进行交流。在完成前面几项练习之后，你可以再找那些博士学长聊聊，现在就可以更有针对性地讨论你现阶段认为非常重要的问题。

最后，从最终的评审环节反观一下

正如我们将在全书中反复强调的那样，博士生们最好把整个博士求学生涯想象成一次火车旅行而非一次神秘之旅。将博士生涯看作火车之旅能使博士论文的架构变得更清晰、更有逻辑，这不仅能让你的写作进展顺利，也能让评审者更好地理解你的论文——他们决定了你能否取得博士学位，因为他们会对你的论文作最终评判，所以必须要帮助他们更好地理解你的研究。

　　既然要站在评审者的角度看问题,那么你可以先想一想:哪些做法可能会让他们感到满意?

　　要这么想的原因其实很简单:如果你做的事是评审者所认可的,那你应该就能顺利获得博士学位。然而要想回答好这个问题,你必须对他们认可的事情有所了解——但你的第一反应可能是:我怎么知道? 的确,很多事情你现在还不知道,只能在研究的过程中慢慢学习。然而,凭借你以往的学术经验和对评审专家的了解(他们即便很忙也从不糊涂),你应该已经知道不少有关论文写作的注意事项了,也知道刚开始的时候该如何为论文的结构打好基础。

　　【练习】现在,请你先不要看下面列出的建议,看看自己能说出哪些会让评审者感到满意的做法。回想一下目前为止你学到了哪些谋篇布局的技巧,哪一些是评分者希望看到的。尽管人们常说从错误中能学到最多,但事实上你从成功中也能学到很多。想象你自己就是老师,扪心自问:我希望在一篇好文章中看到什么? 然后请你在电脑上列一个清单并保存。

　　我们自己列的清单如下:

- 进行相关领域的文献综述时采用批判性而非描述性的写作方式。
- 不重复、离题或单纯罗列自己读过的东西。

- 用清晰、有逻辑、有条理且通俗易懂的方式写作。

- 用事实证据或相关文献支持你所提出的任何观点。

- 不使用"It is clear..."（显然……）、"It is obvious that..."（显而易见……）、"It is well known that..."（众所周知……）这样的表达。

- 在动笔前好好想想自己要论证的是什么，想想如何组织文章结构以实现有效的表达。

- 在提交任何文章之前进行反复修改，确保所提交的东西能代表自己当下的最高水平。

　　当然，在开始撰写新的章节时，你会在写作技巧、结构编排和论文要求方面变得越来越拿手，因此也就能更好地理解评审者想要看的东西是什么——事实上，整本书都在讨论评审者的要求，这也是第十章讨论的重点。因此，就像你需要理解自己论文的论点那样，你也需要从一开始就了解评审者想看的是什么，那样的话你就能慢慢搭建并改进自己的论文框架了。

　　现在，你已经在论文设计、架构的第一阶段花了足够多的时间，可以准备开始安排研究进度了。接下来，我们将开始构思学位论文的一大关键要素——研究的主问题。

第二部分

写作之中

第四章
聚焦研究的主问题

引　言

　　我们在前面几章讨论了博士生们入学前后会遇到的挑战和任务,但这些事其实不会占用太多时间,他们要处理的最重要的问题可能还是提出恰当的研究主问题(Major Research Question,MRQ)。你不需要在刚开始的时候就确定它的最终形式——事实上,我们认为 MRQ 和其子问题(Research Sub-Questions,RSQs)的"磨合"是一个不断反复的过程,只要你对某个问题的想法有所改变,对其他问题的看法也会随之变化。这种"磨合"在博士研究中非常常见,因为很多博士生会发现他们精心设计的方案在文献调研的阶段、收集和分析论据的阶段意外"触礁",因而不得不做出临时的调整。

我们之前已经讨论过研究计划的编排，本章中的部分建议会与之重合，但也会讨论得更深入一些。本章将探讨确定论文 MRQ 的全过程，这是你整个博士生涯的重要起点。如前所述，虽然你可能需要随时对 MRQ 和相应的 RSQ[①] 进行调整，但关键在于你要从研究初期开始构思，并在写作过程中不断进行修改。

你感兴趣的领域是什么？

MRQ 的作用是将论文要解决的事情浓缩成一个问题——如果这个问题提得好、答得好，那么它就提供了一个能够支撑起缜密的论文框架的基点。我们认为，实际上所有的论文都需要提炼出这样的关键问题，但提炼这种问题的方式可以是高度个性化的，它取决于学生的专业背景、研究兴趣以及他们想研究的主题。

然而在确定 MRQ 之前，你应该对你所感兴趣的主要领域有比较深入的了解。为了帮助你更好地理解博士生之间的个体差异，我们想在这里讲两个故事，它们还原了两位博士在最终确定 MRQ 之前界定自己的兴趣领域的全过程。

沙龙·威尔金森（Sharron Wilkinson，2017）是一名

---

① 为行文简便、尊重原文起见，原文中凡出现缩写"MRQ"（研究的主问题）和"RSQ"（研究的子问题）之处，译文中均予以保留，如无特殊情况不再说明。——译者注

经验丰富的监狱教育工作者,她认为相关政策削弱了监狱教育的作用,因为这些政策的目标似乎总因政府换届而在惩罚和改革之间摇摆不定,同时,此类教育服务的提供也日益以市场为导向。起初,沙龙本人对当前监狱教育政策的不满可能会促使她去构思一个用于佐证其主观感受的论题——这似乎是一个危险的路径,因为这种心态会引出一个只能通过文献和论据进一步强化其原有信念的 MRQ。因此,沙龙和导师花了些时间来讨论这个问题,在某次讨论中他们发现,受当前政策影响的监狱教育实践同里特尔和韦伯(Rittel and Webber,1973)的"棘手/顺手"(wicked/tame)①理论存在着有趣的联系。里特尔和韦伯认为,尽管我们生活在一个复杂而"棘手"的世界里,但当情况复杂到需要用更"棘手"的方法来解决时,人们却往往倾向于采取更简单、更"顺手"的办法。沙龙很快对这个想法产生了兴趣,于是她阅读了大量相关文献,开始把自己的关注点转移到政府改革给监狱教育工作施压的方式和原因上——换言之,她的主要兴趣点成了:

运用"棘手"理论研究政策性压力是否会使监狱教

---

① 这对概念来自霍斯特·里特尔(Horst W. J. Rittel)和梅尔文·韦伯(Melvin M. Webber)发表于 1973 年的论文《一般规划理论的困境》(Dilemmas in a General Theory of Planning),它们有时也被译作"抗解"(wicked)和"易解"(tame)。——译者注

育采取"顺手"而非"棘手"的方法。

杰夫·巴克尔斯(Jeff Buckles, 2015)很关注人类对地球造成的环境破坏,这一点可以从他此前就这一话题写作的文章中看到,但他慢慢发现自己对理论问题、观念问题、全球性问题中证实环境稳定性遭受威胁的论据也很感兴趣,而他最初的想法就是看看制度如何处理这些问题。事实上,随着讨论的深入,他觉得有必要在探讨制度实践方面的改进之前,进一步发挥他在理论问题上的专长。由此,一个最初以实证为主的研究变成了一个更具理论性的研究,它关注的是:

> 一些支持生态可持续性的哲学和理论问题,以及能促进世界可持续发展的社会变革。

第一个练习

看完上面这两个案例,你现在就可以开始构思自己的研究关注点了。你可以打开电脑或研究手记,在标题"感兴趣的研究领域"下面写出这些内容:

- 我在＿＿＿＿＿＿＿＿领域工作/研究过相当长一段时间;
- 我对该领域中一个可称作＿＿＿＿＿＿＿＿的部分很感兴趣。

- 我注意到,该领域中有一个在现有学术文献中找不到答案或找不到满意答案的问题。
- 这个问题是_____。
- 我很想解决这个问题,因为_____。

作相关陈述时的一些考虑

如果你想在某个领域开展研究,你并不一定要在这个领域工作或研究过——但如果是,那当然最好,因为你会更了解相关的背景、实践,以及应该找谁进行更深入的讨论。如果你不曾涉足这一领域,那么你的导师大概率会问你这样几个问题:

- 你读过多少相关领域的文献?请说说这一领域最重要的学者和学术论争;
- 你在这方面的兴趣可以持续好多年吗?毕竟写博士论文是一场马拉松而不是一次短跑;
- 既然你还不了解这个领域,那么在开展研究之前,你打算如何去了解你应该知道的事情?

如果你回答不了这些问题,那么就得老老实实承认这一点,然后好好想想你是否需要做下列事情:

a 向相关领域的专家请教什么是这一领域的关键

问题；

b 多读一些相关领域的文献，多了解一些这一领域的
研究者和重要论争；

c 和你很信任且很了解你的人谈谈，听一些逆耳的忠
言，他们会直言不讳地告诉你，假如你打算在这一领
域深耕，坚持下去的可能性有多大。

如果你发现自己实在不想去读更多的文献，或者你从
朋友和同事那里得到了比较消极（或者不积极）的反馈，那
么你可能就要再考虑一下是不是还要继续从事该领域的
研究。

最后要说明的一点是：你感兴趣或想研究的领域可能
不止一个，但现阶段不必担心这一点，按照上面的步骤做就
可以了——更进一步的讨论和思考可以帮你最终确定到底
该选哪一个。

提出研究的主问题：循序渐进

在现阶段，请牢记一件简单却又重要的事：不要急于求
成。请给自己和导师留出充足的时间，就研究领域的最初
想法进行探讨、辩论和沟通：告诉导师你感兴趣的是什么，
然后一起探讨它的可行性，听听对方提出的问题并试着去
回答。如果前期的这些交流多半是由导师主导的，那么你
应该感到庆幸，但也要确保你表达了自己的观点和想法，而

且导师也对此做出了点评。

因此,除非你拿了一笔已事先为你确定好 MRQ 的博士奖学金(这种研究课题往往是某个更大的资助课题的一部分,或已由出资人指定),否则必须确保 MRQ 说的是你自己想做的东西,而不仅仅是源于他人的权威、兴趣或热忱。你可能会觉得,导师在学术方面的威信和专长意味着他们应该带着学生确定 MRQ 的内容,因为他们更了解博士论文该怎么写。但其实对你来说,更好的选择是积极投入到发掘 MRQ 的学术探讨之中,而不是直接研究别人帮你想好的问题。成功的学术研究需要动力的支撑,而如果你有所谓的"研究冲动"(research itch),那就更有可能满怀热情地朝着既定目标加倍努力:换句话说,内在的兴趣之所以能驱使你去探寻某个问题的答案或原因,仅仅是因为这个问题很吸引人。当然,我们也假设即使你的 MRQ 是由资助你奖学金的研究团队确定的,你当初申请这笔钱也是因为你确实对相关领域感兴趣,而不只是因为有钱可拿!

虽然刚开始的时候你会觉得自己是处于从属地位的那一方,但这应当只是暂时的。尽管你一开始可能会觉得导师比你更有经验,但随着研究的推进,到某一阶段之后你就该"反客为主"了——因为到最后,博士学位是你的而不是你导师的,论文的内容和质量也都由你自己负责,不论好坏皆文责自负。因此,尽管在前期阶段你应该多听听其他人的意见,但也要始终牢记:你才是博士论文的最终责任人。

所以,对于绝大多数不涉及奖学金资助的博士论文而言,必须确保从自身兴趣而非他人意愿出发确定 MRQ,也就是说,你要确保自己在谈论 MRQ 时,能感觉到一种如上所述的"研究冲动"。你一定得对你要寻找答案的问题充满兴致,尽管许多博士生直到最后才发现,他们所得到的"答案"只不过是一项初步研究的初步答案——整个博士阶段的研究结果无非表明,更深层次、更有意思的东西仍有待进一步发现。

第二个练习

在尽力回答完这些关于所选研究领域是否适合你的问题之后,请再想一想你目前认为自己感兴趣的主要领域——然后用一句话把它写在电脑或笔记本上:

目前我感兴趣的主要研究领域是＿＿＿＿＿＿＿。

请读一读你写下的这句话,问一问自己:为什么我会把它写成我的主要兴趣领域? 然后用下面的句式写出你的理由:

目前我感兴趣的主要研究领域是＿＿＿＿＿＿＿,因为＿＿＿＿＿＿＿。

以下是你可能给出的一些理由，这里的哪些理由和你所给出的最为接近？你可以多选几个或者再加几个，然后最好把它们按重要程度排个序。你的导师可能会对这些理由及其排名感兴趣，并想和你进行讨论：

a 我的资助人已将此确定为我应该研究的领域。

b 我的导师已将此确定为我的研究重点，它也是一个更大的研究课题的一部分。

c 这是我真正感兴趣的东西。

d 这是导师认为我应该研究的东西。

e 这是我申请时写的东西。

f 我觉得校方会喜欢这个想法。

g 其他原因。

现在再来看一看你所列出的理由——虽然这些理由可能都有一定道理，但你的清单中理应包含你对这一领域的个人兴趣。重要的是，你需要内在的动力支撑你坚持至少三年，并享受整个博士生涯，而如果你缺乏个人兴趣，博士论文就会变成一桩苦差事。我们即将开始正式确定你的MRQ，不过在此之前还有一些事情要做。

从感兴趣的领域到 MRQ

让我们简单回顾一下沙龙和杰夫的兴趣领域，看看他们是如何把一个大致的兴趣域转化为 MRQ 的。

你可能还记得,沙龙的兴趣领域后来成了研究"棘手"理论和监狱教育政策之间的联系,尤其是政策性压力是否会使监狱教育采取"顺手"而非"棘手"的方法。随后,这个兴趣领域就转变成了一个问题。在确定 MRQ 的过程中,沙龙意识到"棘手"理论可以作为一种非常新颖的研究手段来帮她得出相关结论。为了了解管理人员和监狱教育从业者对各种现行政策及其影响的看法,她提出了这样一个 MRQ:

> 两个主要的利益相关群体如何看待"顺手"和"棘手"的监狱教育方法所产生的影响?

你可能也还记得,杰夫感兴趣的领域起初是用实证方法探究制度在促进全球可持续发展方面的作用,但他后来慢慢开始关注理论和观念给可持续发展带来的挑战,以及这些知识如何可能形成一种全新的"社会想象"。于是杰夫的 MRQ 就变成了:

> 一种因 21 世纪全球面临的挑战而形成的全新的社会想象,对我们而言意味着什么?

可见,对兴趣领域的思考和讨论应该浓缩成一个更凝练的问题,亦即 MRQ。但请注意,不要把它写成一个关于你所感兴趣的核心领域的陈述——确保你写的是一个有待解决的问题，因为这就是你的论文要去回答的问题。

现在，我们一起来看看如何在你自己的研究中做到这一点。

第三个练习

打开你的电脑或笔记本，把以下内容再写一遍：

我感兴趣的主要领域是＿＿＿＿＿＿＿＿＿＿＿＿。

现在，请认真地想一想你真正想研究的是什么，然后补全下面的句子：

所以我想问的问题是＿＿＿＿＿＿＿＿＿＿＿＿。

那么，这就是你研究的主问题了。

请试着将它改写成一个简短而清晰的表述——一个两三行以内的句子。

然后，和你的朋友或导师一起讨论你所写的内容，你们可以从以下几个方面来发掘这个问题的意义：

- 我对这个问题真的感兴趣吗？它有没有给我一种研究冲动？

- 要研究这个问题，我需要联系哪些人？

- 要解决这个问题，我需要查阅哪些文献？

- 目前看来，研究这一问题的最佳方法是什么？为
  什么？

当你依次回答这些问题的时候，请试着更好地理解、表达你想做的事，而后根据一些新的想法继续修改你的 MRQ。

等你做完上述工作并且基本满意之后，请写下你目前拟定好的 MRQ：

目前拟定的 MRQ（注明日期）：＿＿＿＿＿＿＿＿＿＿。

请记住，MRQ 可能需要在一段时期内反复地进行调整、扩充或重写——这一过程会持续贯穿博士研究的头几个月，甚至更久。而且，在你构思 RSQ、撰写各章节的时候，也可能需要将 MBQ 的措辞稍作"微调"以使其表述更加准确。这都是非常正常的，你甚至还可以把这一过程写进你的论文，毕竟评阅人不只对你的研究结果、相关论断、最终结论感兴趣，他们也想看到你作为一名研究者的探索过程，你在研究过程中对自己研究所作的反思，以及你根据这些问题（有时甚至是意想不到的挑战）进行适时调整的能力——尽管这些内容多半不会出现在正式发表的文章中，但大多数研究都会经历这样一个反省和反复的过程。应当

说,清醒的自我反思意识是成为一名优秀研究者的关键要素。

由 MRQ 出发构思论文标题

有些读者可能会纳闷,为什么我们至今仍未提到论文标题及其合适的拟定时间。我们之前说过如何拟定研究计划的标题,但到现在这个阶段,可能很多学生会意识到,自己在某些方面已经比当初的标题走得更远了。我们认为,现在就是草拟第一个完整论文标题的好时机——因为你已经有了一个令你满意且切实可行的 MRQ。既然论文写作的驱动力就是寻找 MRQ 的答案,那么论文标题在很大程度上就是对这一关注点的说明。标题往往能吸引读者的注意,因为它是首先映入读者眼帘的东西,但真正推动论文写作的其实是 MRQ。

因此,论文的标题必须要反映出 MRQ 所关注的东西——在这件事上,既不要嫌它无聊,也不要耍小聪明。大多数虚构类或非虚构类的书籍的确需要一个富有创造性和吸引力的标题,因为它们必须吸引公众主动掏腰包,但你并不需要推销自己的论文。论文标题有它自己的用处,英国某个家用油漆的电视广告就很好地体现了这一点,那个广告旨在传达,产品的卖点在于其功能与包装说明完全相符——这就是你的任务:如实描述论文所做的工作。

就此而言,我们认为,一个合格的论文标题可以采取以下几种形式：

第一种形式就是与 MRQ 保持一致。这显然是最简单也最直接的方法，校方和评阅人一般不会介意论文标题是一个问题（但你最好还是再核实一下相关规定）——毕竟他们总要先看你的标题，然后再看它是不是摘要描述、讨论的内容，再然后看它是不是所有 RSQ、各章节乃至整个论文所要解决的问题。所以这无疑是拟定标题的一种便捷方法，例如：

办公建筑会对长期使用者的个人健康产生怎样的影响？

第二种形式是在沿用 MRQ 的同时将 MRQ 的元素拆分成两个部分。例如：

时代与伦理关怀：哈利·哈洛（Harry Harlow）、母爱剥夺和动物权利。

第三种也是最后一种形式是在保留 MRQ 核心内容的基础上对问题的表述稍作润饰，使标题中的问题同时成为对主题的陈述：

逆流而上？非都市语境中现代舞台歌剧面临的挑战

第四个练习:构思标题

现在,让我们试着由一些 MRQ 出发构思几个论文标题。下面有两个 MRQ:你能从中提炼出恰当的论文标题吗?

1 查理二世的朝臣如何看待查理二世对君主政体的看法?

你当然可以直接将这个 MRQ 作为标题,但你也可以:

(i) 将标题写成一个与 MRQ 高度相似的陈述句:

————————————————————————。

如:查理二世的朝臣对查理二世的君主政体观的看法

(ii) 写一个内容近似但有所扩充的标题:

————————————————————————。

如:查理二世治下的君主政体变迁:朝臣们的经历和看法

2 气候变化对丹尼索瓦(Denisovan)人的灭绝起了什么作用?

同样,你可以直接把这个 MRQ 作为标题;但你也可以把标题写成一个与 MRQ 高度相似的陈述,也就是(有点无聊):

气候变化在丹尼索瓦人的灭绝中所起的作用

（iii）在这里写一个内容近似但有所扩充的标

题：_____。

如：气候变化剧烈？丹尼索瓦人灭绝原因探究。

第五个练习：构思你自己的标题

现在，请你拿自己的论文做同样的练习。首先，请在电脑或笔记本上把你的 MRQ 再写一遍。

我们认为你有三种选择：（i）直接将 MRQ 作为标题；（ii）将问题改写为对问题的陈述；（iii）构思一个内容近似但在修辞上略有润饰的标题。请分别写出这三种形式的标题：

将研究的主问题作为标题：_____。

将对研究主问题的陈述作为标题：_____。

内容近似但有所扩充的标题：_____。

现在，和你的导师或朋友讨论上述内容，确定其中最好的一个。在做出决定的时候，请确保你能给出相应的理由。

最后的一点想法：RSQ 及其与 MRQ 的相互协作

我们希望你现在已经有了一个可用的 MRQ（以及一个可用的论文标题）。如果 MRQ 写得足够好，如果对它的回答也足够好，那么这将对你顺利获得博士学位大有帮助——我们没有说"如果对它的回答也足够好，那么你就能顺利获得博士学位"，因为还有其他一些原因会导致论文通不过。如果相关文献读得太少、论文写得很差，甚至涉嫌抄袭，那在这些情况下论文都会被评为不合格，而且这和MRQ的质量、论证的结构完全无关。但我们假定你不会犯这样的错误，所以现在就来看看如何得到MRQ的解答（更确切地说，是一系列解答）。

研究的主问题（MRQ）和研究的子问题（RSQ）之间的重要联系就是MRQ由一系列更小的RSQ构成，因此，可以通过将MRQ拆解为一系列RSQ的方式回答MRQ。因而，如果你有一个严谨缜密的MRQ，而且你能对从MRQ中拆解出来的所有RSQ提供详实的解答，那么这些对RSQ的回答就共同构成了对MRQ的坚实有力、正当合理、无懈可击的回答。我们之前已经说过，你的这些RSQ也要像MRQ那样从最初的草拟开始，并在整个写作过程中不断地根据它们对MRQ特定部分的回应程度进行修改——当然，一旦你修改了RSQ，MRQ也要作相应的调整了。这就是它们之间必不可少的"磨合"，尽管它们会在此过程中不断发生变化，但考虑到研究的焦点必须一以贯之，我们仍然希望它们最终的样子看起来和刚开始的时候差不多。

现在，你的文档和你的头脑中都已经有了一个较为成熟的MRQ，是时候讨论如何推导那些RSQ了，可以进入下一章了。

第五章
构思研究的子问题

引　言

现在你已经完成了一项至关重要的任务——为论文制订一个切实可行的研究主问题（MRQ）。提出并妥善回答一个主要的问题将对你顺利获得博士学位大有助益，因为如果评阅人认为这是一个值得研究的好问题，那么对它的解决将是决议书中同意授予博士学位的重要理由之一。

当然，知道如何解决 MRQ 也同样重要：你需要从 MRQ 中提取主要内容，然后据此构思研究的子问题（RSQ）。我们先举个例子说明如何做到这一点，然后教你应用到自己的 MRQ 中。

从主要兴趣域到研究主问题再到其构成元素

为了演示这个过程,我们将以一名英国研究生麦克·奥戴(O'Dea, 2011)为例,他的博士研究涉及计算机的使用。他感兴趣的主要领域是计算机游戏在教育领域的应用,他将之表述为:

> 旨在增进参与者的程序性知识和概念性知识的教育类计算机游戏开发。

于是他的 MRQ 就变成了:

> 一款旨在加强参与者对程序性知识和概念性知识理解的教育类计算机游戏,其成功的关键要素是什么?

如果你仔细观察这个 MRQ,就会发现它包含了许多不同的元素,而这些元素各自需要不同形式的研究。

【练习】请仔细观察这个 MRQ,然后问问自己:你认为需要从这个 MRQ 中分解出哪些要素?现阶段不必过分追求精确,也不必强求以正确的顺序排列它们——你只需要有条理地从 MRQ 中提取出所有带区别性特征的元素。

请将你提取出来的要素写在电脑或者笔记本上。

有趣的是,虽然麦克不是我们的学生,而且也没有在写论文的时候用这种方法提取 MRQ 中的要素,但在他获得博士学位数年后,我们请他重新用我们的方法来拆解这个MRQ:

　　　　一款旨在加强参与者对程序性知识和概念性知识理解的教育类计算机游戏,其成功的关键要素是什么?

然后他从中提取了以下关键要素:

1 教育类计算机游戏的主要特征:这一点很重要,因为要概述这类游戏实际上要做的事以及如何做到这些事,必须先澄清这一点。

2 设计成功的计算机游戏:这一点很重要,因为"成功"是个需要进一步定义的词,而且我们可以从教育类游戏的成功因素中获益良多。

3 增进程序性知识和概念性知识:这一点很重要,因为对这两种知识的定义和讨论是理解"一款成功的游戏需要做什么"的关键。

4 确定参与者的学习效果是否有所提高:这一点很重要,因为有关这一评判标准的讨论对于理解"成功"一词的含义至关重要。

5 有助于实现上述增益的计算机游戏的主要特征:这一点很重要,因为它能帮助我们更好地理解如何实现这种成功。

6 研究上述问题所用的方法：这一点很重要，因为我们应当要能说明为什么这些方法最适合研究这些问题。

试比较你和麦克对上述 MRQ 的要素分析结果，它们有区别吗？如果有，区别在哪里？这些区别纯粹是措辞上的区别，还是更深层的、实质性的区别？如果仅仅是措辞上的不同，那么一般没有太大问题——如果你能给出自己这么写的理由，那么你可能只是在用另一种方式表述同一个问题。

上面列出的这些要素显然需要更进一步的研究——要成为研究的子问题，它们仍需进一步被提炼为一些问题，这些问题要能更好地表述有待研究的内容，而且它们合在一起要能全面地回答 MRQ。既然六个要素必须转化为六个研究子问题（RSQ），那么现在就让我们一起来"翻译"一下。

要素 1　教育类计算机游戏的主要特征

现在变成

RSQ 1：一款成功的教育类计算机游戏的主要特征是什么？

要素 2　设计成功的教育类计算机游戏

现在变成

RSQ 2：如何设计一款能增进参与者的程序性知识和

概念性知识的教育类计算机游戏？

要素 3 增进程序性知识和概念性知识

现在变成

RSQ 3：如何定义"程序性知识"和"概念性知识"？

要素 4 确定参与者的学习效果是否有所提高

现在变成

RSQ 4：如何确定参与者的程序性知识和概念性知识通过使用教育类计算机游戏而有所增进？

要素 5 有助于上述增益的主要特征

现在变成

RSQ 5：如果是这样的话，那么教育类计算机游戏的哪些重要特征有助于这种增益？

要素 6 研究上述问题所用的方法

现在变成

RSQ 6：哪些方法看起来可能适用于研究这个 MRQ？

从你自己的 MRQ 中提取要素

现在是时候从你自己的研究主问题中提取要素了。一般来说，如果你能和一位同学一起做这件事会更好，但通常情况下你只能一个人做。请在电脑或记事本上再次写下你的 MRQ。

回想一下我们之前是如何拆解麦克的 MRQ 的，看看你能不能也把你的 MRQ 分解成不同的要素。你能识别出不同的侧重点、不同的问题吗？你能从你的 MRQ 中看到哪些区别性特征？

不同 MRQ 的要素数量也不尽相同：有些 MRQ 只有四个要素，而有些有五个或六个；你可能会在论文写作的过程中把原来的某个 RSQ 拆成两个，也可能会把原来的两个 RSQ 合并成一个。

这些要素很可能包含：(i) 你需要研究的相关文献、背景材料或语境；(ii) 你需要收集的论据；(iii) 你收集论据所用的方法。

如果要在一篇博士论文中囊括上述三方面的内容，那就至少需要四个要素——要是你说自己只需要研究一种语境或文献，我们才会觉得奇怪。因此，如果在最初的尝试过后，你发现自己提取的要素不足四个，那么可以看看其中是不是有什么要素混在一起了。但是你的 MRQ 也不大可能有六七个以上的要素，因此，如果你发现自己提取的要素超过了这个数，那么可以看看其中是不是有重复的或者可以合并的。不过这里没有绝对的规则：每篇论文都有自己的 MRQ 架构方式，也有自己的 RSQ 拆解方式。

请再读一读你的 MRQ，试着确定其中的关键要素。

然后,请再在你的 MRQ 中标出所有已提取的要素。如果标记完之后 MRQ 中仍有未被提及的部分,那么你至少还得再加一个要素。但是,如果 MRQ 中已经没有遗漏的部分而你却还想再加一个要素的话,那么你有两种选择:如果你确定这个元素对研究而言不是必要的,那就直接忽略;而如果你认为它是必要的,那就得修改 MRQ 来吸纳它。但如果你确实需要修改 MRQ,那就得把上面的练习再做一遍,因为在 MRQ 中加入额外的元素会改变它的整体意义和作用。

构思你自己的 RSQ

现在是时候构思你自己的研究子问题了,请再写一遍 MRQ。如今你已经从 MRQ 中提取出了所有的要素,也请将它们再写一遍。

然后你要做的就是把这些要素转化成问题——你的研究子问题。请打开你的电脑或笔记本,将每个要素改写成一个问题,亦即一个 RSQ。与此同时,请在每个 RSQ 下面写出需要它的理由。

从现在起,你算是真正开始编排论文结构了,但在进行下一步工作之前,我们有必要再次提到一个此前已讨论过多次的问题:到底是 MRQ 生成所有的 RSQ,还是所有的 RSQ 生成 MRQ? 从前面呈现的过程看,我们通常要先说明主要感兴趣的主要研究领域,再由之导出 MRQ,但很显然,当你写完所有 RSQ 的时候,它们也会对 MRQ 的措辞、结构乃至侧重点产生决定性的影响。也就是说,这是个反反复复而非一蹴而就的过程,在完善 RSQ 的过程中你总是需要不断地调整、扩充和重写——你的 RSQ 不太可能"一次定型",因为你需要不断调整以使它们在内容上和 MRQ 保持对等。

将研究的子问题进行分类

我们此前已讨论过涉及文献综述(或称"研究背景/语境")、方法论和论据的章节,因此可取的做法是让 RSQ 和这些章节相匹配,不要让它们混乱无序。

我们可以再看一看由麦克的 MRQ 导出的不同 RSQ:

RSQ 1:成功的教育类计算机游戏的主要特征是什么?

RSQ 2:如何定义"程序性知识"和"概念性知识"?

RSQ 3:如何设计一款能增进参与者的程序性知识和概念性知识的教育类计算机游戏?

RSQ 4:如何确定参与者的程序性知识和概念性知识通过使用教育类计算机游戏而有所增进?

RSQ 5:如果是这样的话,那么教育类计算机游戏的哪些重要特征有助于这种增益?

RSQ 6:哪些方法看起来可能适用于研究这个 MRQ?

现在,请你看一看自己的 RSQ,你能看出每个 RSQ 应该从下列哪个章节中找到答案吗？

- 文献综述（literature reviews，LR）或称研究背景/语境

- 方法论的合理性论证（the justification of methodology，JM）

- 实证性的研究（the empirical research，ER）

仔细看上面列出的每一项，然后在你的每个 RSQ 旁边写上"LR""JM"或"ER"。如有可能，不妨和你的同学一起讨论，看看他们是否同意你的观点，以及你能否对某些内容进行微调。这样做不仅能使你的每个 RSQ 表述更精确，而且能帮助你给每个章节取一个更明确的标题：例如，将标题"台湾地区的语境"改为更明确的"政府的噪音污染防治措施给台湾地区带来了哪些影响"或"政府的噪音污染防治措施对台湾地区的影响"，这样的标题对你的阅读和写作更有利。

让我们来看看麦克的 RSQ 同上述章节的对应关系：

- 成功的教育类计算机游戏的主要特征是什么？——*LR & ER*

- 如何定义"程序性知识"和"概念性知识"？——*LR*

- 如何设计一款能增进参与者的程序性知识和概念性知识的教育类计算机游戏？——*LR & ER*

- 如何确定参与者的程序性知识和概念性知识通过使

用教育类计算机游戏而有所增进？——*ER*

- 如果是这样的话，那么教育类计算机游戏的哪些重要特征有助于这种增益？——*LR & ER*
- 哪些方法看起来可能适用于研究这个 MRQ?——*JM*

通过上述练习，相信你已经发现一个 RSQ 可以利用多种论据来回应。因此，可以看到论文筹备环节的主要挑战一部分来源于：

i 麦克对该领域的文献综述；

另一部分则来源于：

ii 由实证性研究所获得的数据。

但仍需注意的是，文献综述只能给麦克一些笼统的研究发现。他从实证研究中获得的数据大大推进了现有文献的结论，因为这些原始资料为相关研究提供了全新的视角。因此，在论文结尾全面回答 MRQ 时，你应当说明，就你研究的问题而言，已有的学术成果和你由论据分析所获得的新发现之间有何异同。

实证性论文的 RSQ 分类

如前所述，实证性论文一般都需要这样三类研究子问题：

   i 源于该研究领域的文献/语境/概念问题的 RSQ（一
     些涉及文献综述的问题）。

   ii 一个可为拟使用的研究方法进行合理性论证的 RSQ
     （一个涉及方法论合理性论证的问题）。

   iii 源于实证性研究的 RSQ（一些涉及实证性研究的问
     题）。

既然如此，那么你能否：

a 看出哪些是涉及文献/语境/概念的研究问题？

b 提出一个涉及方法论合理性论证的问题（再看一看
   麦克的 MRQ 拆解，多数方法论问题与之大同小
   异）？

c 看出哪些是涉及实证性研究的问题？

记住，一些子问题要从文献综述中找答案，而另一些子
问题要从实证性的研究中找答案。请分别把它们写在电脑
或笔记本上。

在一篇实证性的论文中，文献综述通常放在方法论的
合理性论证之前，而方法论的合理性论证通常又放在实证
性研究之前。为了帮助你更好地把握论文的整体结构，请
将 RSQ 按文献综述、方法论证、实证研究的先后顺序依次

排列,然后把它们写在电脑或笔记本上。

于是,上面这些内容合起来就构成了你的第一份完整的 MRQ 和 RSQ"草稿"。

请在下面的第一行写出 MRQ,再在下面依次写出所有 RSQ:

MRQ:_____。

RSQs:_____。

非实证性论文的 RSQ 分类

虽然非实证性论文的基本内容和实证性论文不太一样,但是它也有一个论文赖以展开的 MRQ,这个 MRQ 也能用类似的方法拆解为几类 RSQ。我们以之前提到过的王秉豪(Wong,2005)的论文为例:他没有用我们的方法,但他的论文却是一个能体现我们基本思路的绝佳案例。他的论文题目是:

灵性和灵性教育先决条件的概念性考察——以香港为例

他认为由这一标题可引出下述 MRQ:

香港"灵性"教育的现状和前景如何?

此外,在和我们讨论他的章节标题时,他表示这些标题

所体现的就是把论文标题/MRQ 拆解为一个个用来回答它的章节,因此它们也可以和不同的 RSQ 相对应。其章节设置如下:

第 1 章:引言和概述

第 2 章:有关方法论的思考

(这两章指向的 RSQ:最适合本文的研究方法是什么?)

第 3 章:灵性的概念

(这一章指向一个不同的 RSQ:"灵性"的本质是什么?)

第 4 章:灵性教育的先决条件

(这一章又指向另一个 RSQ:灵性教育需要哪些条件?)

第 5 章:中国传统文化中的灵性

(指向的 RSQ:中国传统文化是如何表述和培养灵性的?)

第 6 章:香港的灵性状况和灵性教育

(指向的 RSQ:香港的灵性现状和灵性教育如何?)

第 7 章:在香港接受灵性教育的可能性

(指向的 RSQ:香港的灵性现状和灵性教育如何?)

第 8 章:结论和建议

可见，王秉豪首先说明他要研究的问题，然后介绍他采用的诠释学方法，接着再考察大量的文献，最后在结论部分对香港的灵性状况及其改善的可能性进行总结。他的论文写作看起来是从标题和章节开始的，但实际上是依照合理的 MRQ 和 RSQ 按部就班地展开的。而且，这篇非实证性论文在结构上和我们之前看到过的实证性论文大体相同。最后要提醒的是，和实证性论文一样，非实证性论文也是多种多样的，博士生需要和导师充分讨论不同学科方法的细微差别。

再试一次……

前面的任务完成得很棒！喘口气，弄点喝的，干会儿别的事。休息过后，请再看一看你手里的 MRQ 和 RSQ 初稿，问自己两个问题：

a 我现在还觉得这些 RSQ 加在一起全方位地回答了 MRQ 吗？

b 是否需要扩充或修改 MRQ 以涵盖 RSQ 涉及的所有内容？

正如我们之前多次提到的那样，在你来回协调 MRQ 和 RSQ 直至完全满意的这段时间里，每一次调整都是反复修改过程的一部分。当你觉得这一阶段的任务完成得差不多了的时候，当你确信自己已经知道要做什么了的时候，你就可以做本章的最后一个练习——"咖啡馆问答"（the Café Questions）了。

"咖啡馆问答"练习：来一场"中期答辩"

关于论文结构编排的最初阶段需要达到哪些关键目标，我们已经做了很多讨论，现在我们要介绍一种比较轻松的自测法——我们称之为"咖啡馆问答"练习。它基于这样一种观念：要想知道一个人是否真正理解自己的论文，一个绝佳的方法就是让他试着解释给别人听。我们可以想象一个场景，一位博士生刚刚结束与导师的面谈，对自己的论文充满信心，然后在喝咖啡的时候向一位询问其研究内容的陌生人谈起自己的论文。这位博士生说自己正准备写博士论文，于是对方问论文研究的内容究竟是什么。这种向别人解释的方式会让人想起一个有关讲课的老笑话，那个笑话是这样说的：

当你讲第一遍课的时候，会有25％的学生明白你在说什么；

当你讲第二遍课的时候，会有50％的学生明白你在说什么；

而当你讲第三遍课的时候，你就会明白自己在说什么了。

你会惊讶地发现，当你试着向别人解释的时候，也就了解自己真正的想法是什么了。

要做这个练习，你能再找到一个人就够了，但多找几个人也无妨，如果这些人和你在同一个年级，那就更好了。我们在博士生的课上做过这种练习，它们总是愉快而有益。你可以只找一个人一起做这个练习，也可以找三四个人一起（更难一点，但会更有收获）。你们会在同一条战线上，轮流做提问者和回答者——每位回答者必须在 30 秒内脱稿答完下面这个简单的问题：

你的论文是谈什么的？

我们希望你参照 MRQ 来回答这个问题（但奇怪的是，总有人不这样做！）。如果在描述论文主题的过程中，你发现自己正在调整 MRQ 的说法，那么就得好好想想你在改什么、为什么要这样改了。告诉提问者你做了什么，不要害怕和他们讨论——毕竟这不是一场你追我赶的比赛。相反，他们的作用是帮助你更好地解释你想研究的东西，以及你为什么想研究这个，就像到时候你也会问他们"你的论文是谈什么的"，然后试着帮他们更好地表达他们的想法。在你对自己的回答感到满意之后，请重新写出新的 MRQ，然后继续做这个练习直到现阶段你觉得完全满意、不再需要任何改动为止。

如果一开始你觉得很难办，没法做到简明扼要地描述你的论文，那也不用担心——和提问的人聊聊你觉得自己的问题出在哪里，然后花点时间，用一种能更好地表达你真实想法的方式写出 MRQ，再然后反复练习直到你自己满意为止。你可能没法在第一遍的时候就做得很好，但你会发现自己一直在进步。

你可以分别和不同的人一起完成上述练习。每次做完练习之后，如有必要，再仔细看看你的 MRQ，并根据之前讨论的情况进行修改。这些"问答大会"结束之后，你应该就有了一个可以轻松复述的 MRQ。因此从很大程度上说，你已经用一种几乎没什么压力的方式走完了"中期答辩"的一小步，对自己论文的理解也更加深入了。

那么最后，请介绍一下 RSQ……

我们相信你现在已经对自己论文的核心内容有了深入的理解。如果是，那请你更进一步，让提问者从以下问题中选择几个来提问：

- 你需要研究哪些概念问题/文献/语境才能回答你的 MRQ？
- 为什么需要研究你提到的这些概念问题/文献/语境？其中哪些是最重要的？
- 你需要收集哪几种论据才能回答你的 MRQ？
- 为什么需要收集这几种论据？
- 你认为研究这些问题的最佳方法是什么？

- 为什么你认为你打算用的这些方法是最好的？

如果你找不到人和你一起做这件事，不妨直接把上述问题分别写在六张卡片上，打乱顺序后逐一翻看并回答。如果你一时不知该如何作答，那就好好想想为什么你觉得很难回答，然后再试一次。

不论你身边有没有同伴，只要你回答了这些问题，就是在描述并解释你所做的工作。在此过程中，你将不再只关注 MRQ 及其所有的 RSQ，而开始问更多有关论文结构的实质性问题，看看 MRQ 和 RSQ 如何同论文的章节相关联。现在，我们就要开始做这项至关重要的工作——将 MRQ 和 RSQ 转化为论文的各个章节。

第六章
从研究子问题到论文章节

引　言

到目前为止，你应该已经提出了一个非常强有力的研究主问题（MRQ）和一些由之派生的同样有力的研究子问题（RSQs），但你或许还是有点困惑。你可能很确定自己已经有了一个能作为全文基础的有力问题，而且觉得自己提出的那些用于回答主问题的子问题也很合适——但你可能依旧不清楚该如何将这些RSQ对应到论文的具体章节，而这就是本章所要做的工作。

首先——纵然前面已提过多次但仍有必要重复的是——这些RSQ可以指明论文各章节的写作目标。例如，直接将RSQ作为章节标题就能使相应部分的重点和主旨更为明确。如果你起的章节标题只是像"科学哲学""哈洛

的研究""城堡建筑"这样简略,那么你的读者(以及你自己)就很有可能不知道这一章要写什么。前面例子中的标题最好改为:

> 科学哲学思想的演变
>
> 哈洛对母爱剥夺的研究:一种伦理批判
>
> 中世纪晚期法国城堡建筑风格变化的原因

如果一个章节的标题包含与内容相对应的 RSQ,那么就能确保该章节主旨恰当、目标明确。这不仅有利于具体章节的写作——在用 RSQ 明确各章写作目标的同时,你也确保了这一目标与整篇论文的结构相契合,从而使所有的 RSQ 合起来就能回答 MRQ。

假如你把各章节的标题、主旨和目标都想清楚了,那么它们就能为你回答 MRQ 打下坚实的基础。围绕这一主题,本章将探讨以下六个问题:

1 标准的实证性论文和非实证性论文的结构是什么样的?

2 博士论文的六组章节。

3 将 RSQ 转化为论文的章节结构。

4 以往的博士论文中体现上述关联的例子。

5 将这种方法应用于你自己论文的 RSQ。

6 恰当地分配论文各部分的字数。

一篇标准的实证性论文长什么样？

我们先来了解一下标准的实证性论文大致长什么样。我们先来看一篇论文的章节结构，这篇论文关注的是科研人员会如何看待其所在领域的本质。按照库恩（Kuhn，1996）的说法，科学家们倾向于像"常规"科学家那样，在特定的学科范式内用一种不加批判的保守方式开展研究——这篇论文从库恩的观点出发，探究如今科学家们对科学研究的性质和作用的看法有多"时髦"，因此它的 MRQ 可以表述为：

科研人员最信奉的科学哲学是什么？

这篇实证性论文的研究思路就是先对科学哲学思想的演变进行分析，根据不同的历史观点编写一些有关科学研究的性质和作用的特定陈述，然后记录每位科研人员最赞同和最不赞同的陈述是什么，看看他们的想法和哪一个学派的观点最为接近。

如果是研究这一问题的非实证性论文，那么它的基本思路也是先对思想的演变作一番类似的分析，但接下来就要援引期刊论文和博士论文中晚近学者的最新见解，提出一种发展库恩"常规实践"和"范式"理论的新路径。

理清论文的头绪

如下所示,我们打乱了一篇实证性论文各个部分(章节、附录、参考文献等)的顺序,现在留给你的问题是:能否按照更有逻辑的顺序重新排列它们? 你可以在笔记本和电脑上做这个练习,或者直接把它们写在纸条上手动排序,如果在此过程中你还能和同学一起讨论,那么效果会更好。

打乱后的论文各部分顺序如下:

- 附录
- 科学哲学的五种理论模式
- 参考文献
- 结论和建议
- 对"常规"科学实践活动的批判
- 目录
- 导论
- 方法论问题
- 研究结果
- 科学哲学思想的演变
- 分析和讨论

请仔细看上面这些标题并确定它们的顺序,然后在你觉得应该放在最前面的标题旁边写"1",放在第二位的写

"2",放在第三位的写"3",依次类推。

下面是我们建议采用的顺序:

目录

第 1 章:导论

第 2 章:科学哲学思想的演变

第 3 章:科学哲学的五种理论模式

第 4 章:对"常规"科学实践活动的批判

第 5 章:方法论问题

第 6 章:研究结果

第 7 章:分析和讨论

第 8 章:结论和建议

参考文献

附录

请将你写的排序和上面的建议进行比较。我们主张上述排序的理由如下:

- 博士论文的开头通常会有一个目录,接着是一个导论。

- 对于重要概念的讨论通常会放在其他内容之前,这样就能在讨论既有研究之前明确论文所用术语的含义,因为其中一些术语可能会有多种含义,如果不先进行概念辨析就容易发生混淆。

- 你要确保自己想研究的东西之前没有人研究过。因此,你应该在开展实证研究之前尽早核查与论题相关的文献。

- 在开展研究之前,你需要对收集数据的方法的可行性进行论证,并说明你打算如何开展这项研究——诸如此类的问题都属于"方法论问题"。
- 在研究完主题之后,你需要在展开分析和讨论之前描述你所得到的研究结果。
- 你需要先得出研究结论,再提出相关建议。

这并不意味着其他的顺序就不可以,但如果你要采用别的顺序,那也得说明那样做的理由。

对许多非实证性论文(比如上一章引用的王秉豪的论文)而言,上面提到的论文结构和章节排布也同样适用。例如,方法论的讨论可能会涉及某种特定的论证方式或某位学者的研究方法,而不涉及实证的研究手段。和实证性论文一样,整合已有文献的工作也会放在分析和评价的部分,但在非实证性论文中,这些章节还应包括对概念方法的深入分析、全面详实的文献综述以及相关论域的未尽问题。就这篇论文而言,涉及批判性分析和评价的 RSQ 可能会是:

这种分析对常规实践和科学范式的观念产生了何种影响?

而全文的章节顺序可能会是这样:

第 1 章:导论

第 2 章:科学哲学思想的演变

第 3 章:科学哲学的五种理论模式

第 4 章:库恩对"常规"科学实践活动的批判

第 5 章:科学范式的本质

第 7 章:分析和讨论

第 8 章:结论和建议

参考文献

附录

论文章节的分组

从上面的例子中不难看到,论文的章节可分为好几组,可以说每篇博士论文都会包含这样几组章节:

ⅰ 第一章即导论是独立成组的"孤家寡人",但它仍然很重要:它说明了整篇论文的重点和结构、写作这篇论文的原因、论文的 MRQ、所有的 RSQ 及其与各章节的联系。

ⅱ 第二组章节通常被称为"文献综述""背景探讨"或"相关语境":这些章节还会涉及关键术语的概念性论述、相关领域已有的类似研究、可能影响实证研究的关键语境。

ⅲ 第三组章节是探讨方法论的。如果是非实证性论文,那么这一(组)章节可能会描述将要使用的概念工具。如果是实证性论文,那么这种章节可能会有一两个甚至三个,其内容通常包括:所选研究方法的合理性论证,有关本体论、认识论、科研伦理的问题,关于如何开展研究、遇到过哪些问题、如何解决这些问题的描述。

iv 第四组章节是涉及研究结果的:你需要先描述你的研究结果,然后对这些结果进行分析和讨论——这时候,你一般都需要重新提及前面评述过的一些文献,用以说明你的研究结果和已有的学术成果之间有何异同。

v 涉及结论和建议的章节对论文至关重要,因为正是在这一部分,你要对所有 RSQ 的回答进行总结和讨论,进而回答 MRQ。回答完 MRQ 之后,你还需要说明由研究结果得到的建议、研究本身存在的不足以及未来可能的研究方向。

无论你看待论文章节的方式是以"个"为单位还是以"组"为单位,你都需要达到这样一个阶段——看到一个论文标题或 MRQ,你就能很快地想出:

a 回答这一问题需要哪些 RSQ;

b 这篇论文需要哪些章节;

c 如果这些章节要一起构成对 RSQ 和 MRQ 的回答,

那么它们各自的作用是什么?

d 论文中的章节排列顺序如何。

用 RSQ 编排论文结构

到目前为止,你应该已经很清楚自己需要哪些章节来涵盖论文的所有 RSQ,也很清楚它们的顺序应该如何排列——我们可以用表 6.1 来更清楚地说明这件事。

表 6.1 的左边一列是你已有的 RSQ。如前所述,不同论文、不同 MRQ 的 RSQ 数量可能不同,而且在论文写作过程中,RSQ 的数量也会发生改变。但是,把它们写出来应该是不费劲的。

表 6.1　RSQ 与论文章节

BSQ	论文章节
文献类 RSQ1	导　论
文献类 RSQ2	第 1 章:文献综述 1
文献类 RSQ3	第 2 章:文献综述 2
方法类 RSQ	第 3 章:文献综述 3
结果类 RSQ	第 4 章:方法论
	第 5 章:方法论
	第 6 章:研究结果 1
	第 7 章:研究结果 2
	第 8 章:分析和讨论
	第 9 章:结论、建议、局限性、未来研究方向

表 6.1 的右边一列(目前尚未与左边对齐)是非常典型的实证性博士论文的章节结构。我们设想这是一篇很长的论文(或许超过 75000 词),所以它可能会用三个甚至更多的章节来讨论概念问题、文献综述和相关语境。我们还设想这篇论文各用了两个章节来讨论方法论和研究结果——当然,有些论文只有两个讨论文献的章节、一个讨论方法的章节和一个讨论结果的章节。归根结底,你应该依据以下四点来确定章节的数量:(i) 需要涵盖的内容总量;(ii) 内容的丰富程度;(iii) 所在学科的章节格式规范;(iv) 导师的意见。

一般而言,我们认为论文中一章的篇幅最多就是 8000 至 10000 词,因为这是普通人能集中注意力阅读的字数上限。既然如此,最好将较长的研究结果部分分成两章(甚至三章),特别是如果你的论文涉及好几组结果——比如通过问卷调查和访谈研究获得的结果。但表 6.1 右列中呈现的"论文章节"同样需要选择、讨论和合理性论证,因为评审专家可能会要求你阐明如此设计章节的结构、内容、顺序的理由——即使他们没有这样做,你也应该让自己和导师知道章节编排的依据何在。这样一来,假如之后有论文答辩,你在答辩时也会表现得更加自信,而且这种自信在评审专家看来也不会是空穴来风。就算你不用答辩,知道自己为什么这么做并在正式写作前明确这样做的理由,对于写作一篇"滴水不漏"的论文来说也是至关重要的。

如表 6.2 所示,我们把具体的 RSQ 加到了每个章节后面,将两者放在一起。

表 6.2　把 RSQ 和论文章节相关联

论文章节与 RSQ
导论
第 1 章:文献综述 1　*RSQ1*
第 2 章:文献综述 2　*RSQ2*
第 3 章:文献综述 3　*RSQ3*
第 4 章:方法论　*RSQ4*
第 5 章:方法论　*RSQ4*
第 6 章:研究结果 1　*RSQ5*
第 7 章:研究结果 2　*RSQ5*
第 8 章:分析和讨论　*RSQ1,RSQ2,RSQ3,RSQ5*
第 9 章:结论、建议、局限性、未来研究方向　*RSQ1,RSQ2,RSQ3,RSQ5*

　　我们在每一章后面放一个 RSQ(如第 1 章后面的 RSQ1)的意思是:"这个 RSQ 将主要由这一章的内容来回答。"但要注意的是,一个 RSQ 可以包含在多个章节中,因为它可以在一个章节中得到一部分回答,而在另一个章节中又得到一部分回答——比如 RSQ1 在第 1 章中得到了一部分回答,但第 8 章和第 9 章也讨论了这个 RSQ。将 RSQ 对应到各个章节可以起到两个作用:

　　ⅰ 让作为写作者和研究者的你清楚地知道每个 RSQ 的论据出现在哪些章节——如前所述,对 RSQ 的回答一部分来自文献综述,一部分来自你的研究结果。

ii 当你通过一系列 RSQ 回答 MRQ 并得出结论的时候可以引用的材料不只有实证研究的结果,因为之前发现的一些文献也可能对回答 MRQ 大有帮助。

把上述想法运用到自己的论文中

现在,请把表 6.3 抄到你的电脑或笔记本上,然后填入你自己的 RSQ 和论文章节。

表 6.3　我的 RSQ 和论文章节

RSQ	论文章节
文献类 RSQ	导论
a	第 1 章:文献综述 1
b	第 2 章:文献综述 2
c	第 3 章:文献综述 3
方法类 RSQ:研究这些问题的最佳方法是什么?	第 4 章:方法论
	第 5 章:方法论
研究类 RSQ	
a	第 6 章:研究结果 I
b	第 7 章:研究结果 II
分析和讨论	
讨论	
结论、建议、局限性、未来研究方向	

把你的每一个 RSQ 写在表 6.3 左边一列的适当位

置——多留出一些空间,那样的话就算有三个以上的文献类 RSQ 也能列得下;如果列出的问题少于三个,那就删除多余的空行。我们已经给出了一个对绝大多数实证和非实证论文都适用的方法类 RSQ,但如果你能找到更好的也可以换掉它。现在,请再把你的每一个研究类 RSQ 填入适当的位置。

写完之后,请再次检查这些 RSQ,然后在表 6.3 的右边一列写出能体现各个 RSQ 侧重点的章节标题。

1 填写完"RSQ"和"论文章节"之后,看着第 1 章的标题问问自己:这一章要讨论的是哪个(些)RSQ? 请在第 1 章标题所在的方框里写上相应的 RSQ——不需要完整地写出来,只需要写"RSQ 1""RSQ 2"等。

2 浏览每一个章节标题,问自己同一个问题:这一章要讨论的是哪个(些)RSQ? 当你处理完表 6.3 的文献综述和方法论部分后,你会发现自己已经慢慢开始在一个方框里写好几个 RSQ。

3 在处理完所有章节标题之后,你就有了一些可以相互配合一起解决 MRQ 的 RSQ 和论文章节。

到了现在这个阶段,你应该已经很清楚论文的主题是什么了,以及你会在什么地方、用什么方式回答你所提出的问题了。要是再让你做一次"咖啡馆问答"练习(自问自答都行),我们相信你会觉得容易很多。

不过,在结束本章之前,我们还要再谈最后两个问题。

第一个问题涉及一种可能出现的情况:当你偶然发现这本书的时候,你早就开始写论文了。希望你喜欢我们前面写的那些内容,但你可能不清楚如何把我们的提议和你已经完成的部分结合起来。

第二个问题涉及字数:你已经安排好了章节顺序,也把它们和 RSQ 关联起来了,但是每一章到底该写多长呢? 这是一个非常重要但又相对容易被忽视的问题——字数太少或太多都会对论文其他部分的安排带来较大的负面影响。

"姗姗来迟"的 MRQ 和 RSQ

不是所有的博士生都会在写论文之前阅读一本指导写作的参考书,因此总会有些人没法从头开始使用本书。那么,你很有可能也是在相对靠后的阶段才碰上 MRQ 和 RSQ 的,这样的话你就会发现自己可能遇到了一些问题。我们设想了以下五种可能的情况。

A 我还没有想好 MRQ 和 RSQ 的内容,但已经开始撰写论文的部分章节了。

假如是这种情况,亦即你已经写了好几章,那你就得暂时把目前写完的部分放到一边,好好想一想论文的 MRQ 及其相应的 RSQ 应该是什么。一定要确保你提出的 MRQ 就是这篇论文想要研究的东西。

做完这件事之后,你需要重新阅读已经写完的那些章节,看看它们是否和你刚刚设计的 RSQ 相对应,如果不,那就要看看和 MRQ 联系更紧密的是 RSQ 还是现有的章节——一般来说,RSQ 跟 MRQ 的关联会更紧密一些,如果确实如此,那么你就需要修改(甚至重写)相关章节的某些部分,以使它们在主旨和重点上更加紧扣 RSQ。如果你将章节的标题改为 RSQ 之后重写,并在新写的内容中不断提到 RSQ,那么就能更清楚地看到有哪些地方需要改动。

B 我一直在写我自己感兴趣的内容而不是被正式批准研究的内容。

假如你(有些意外地)发现已经写完的这些章节更能体现你真正想研究的内容,那么请你立刻停下来,马上和导师进行讨论。如果你的博士研究属于受资助项目,那么研究的用途基本上是由一个更大的课题或你的资助人所决定的,你可能很想更改 MRQ 以及 RSQ,但这件事的意义显然超出了你的个人喜好。再说一遍——这种情况需要紧急讨论。不过,如果你的博士研究不受项目资助,那么你的自由度就会更高,MRQ 和 RSQ 改起来也就相对更容易,但这种改动还是会对论文的重点、章节的主旨以及实证研究计划带来很大的影响——同样,你也要及时地和导师进行相关讨论。

C 我在论文写到一半的时候才看到这本书，而且我还没有构思过 RSQ。

假如是这种情况，你可以像前面那样通过拆解 MRQ 来构思 RSQ。但如果你至今都还没定下 MRQ，那就要尽快确定了，毕竟你现在应该已经很清楚它意味着什么了。如果你已经确定了 MRQ（可以称之为研究的中心问题或主要的研究焦点等），那么就可以根据 MRQ 与已有章节主旨的关系来构思 RSQ。你可能需要同时调整这三者（MRQ、RSQ、相关章节）直到它们相互协调为止。

D 其实我对论文的重点只有一个大致的概念，现在只有零星几个（或者没有）RSQ 和某些章节的草稿。

显然，你现在亟需和你的导师谈谈，而且必须反复地比较、调整你的 MRQ、RSQ 和论文章节，以确保三者协调一致。如前所述，你需要回到最开始的阶段，构思出一个高度凝练的 MRQ 以及它相应的 RSQ，然后看看它们能否和现有的章节保持协调，看看你的 MRQ 或 RSQ 是否需要调整。

E 我目前用的是"目的和目标"（Aims and Objectives）法，但确实又觉得"MRQ 和 RSQs"法更好。

　　这里看起来有好几个问题。首先,你可能正在使用一种被你称作"目的和目标"的方法,但你实际上在做的却是本书所描述的事情。也就是说,你的论文有一个核心的研究目的,还有一些由这个目的拆解而来的研究目标,这些目标一起回应了那个核心目的——假如是这种情况,那就没什么问题,你可以按照既定方案继续。但如果你觉得你的目的和目标之间不够协调一致,那么你就要和你的导师组沟通,看看能不能让论文目的和目标之间的联系更紧密、更明确。

详略得当地"分配"各部分的字数

　　你现在可能会觉得,只要妥善处理好论文章节、MRQ和RSQ之间的关系,就算解决了现阶段绝大部分的结构性问题。但其实还有一个更加重要却又常常被忽视的问题值得我们认真思考——那就是一篇论文的不同部分应该各写多少字的问题。

　　很多博士生可能没有意识到,这其实是个从一开始就要问一问的好问题,因为提前想明白这个问题能给你一个关于论文每一部分该"分配"多少字的指标,因而也提供了另一种看待论文各部分结构的有益视角。最重要的是,这样做能防止博士生们在某一部分"长篇大论"而在另一些部分"文思枯竭"。

　　本书力图说明的是,尽管所有的博士论文都有一些共同之处,但它们之间也确实有些明显的差别,特定部分的字数分配就是其中一例——之所以存在这样的差异,是因为博士论文之间至少有三个方面的不同:第一,同一国家、不同类型的博士论文字数要求不同,在英国,学术型博士(PhD)学位论文的字数要求就和教育学博士(Ed. D)学位论文的字数要求不同;第二,同一类型的博士论文(如学术型博士)在不同国家可能也有不同的字数要求;第三,同一国家(或高校)、同一类型的博士论文,其字数要求也会因学科而异(例如,不同的专业型博士学位论文长度不同)。

因此,在这里提出不同博士论文的章节字数分配建议不仅无用而且具有误导性,就像我们没法在这里告诉大家博士论文各部分的字数比例应该是多少。

尽管如此,你仍然要知道该怎么去考虑这个问题,也就是如何根据你所在的学科、所在高校的相关规定来处理博士论文的字数分配问题。就此而言,有关章节适宜长度的讨论其实和所有博士论文都密切相关,因为稍不留神就有可能导致用于阐释和回答 MRQ 及 RSQ 的各章节字数不协调。

既然这是一个应予以认真考虑的问题,那么我们就起码还需要再做两件事。一是看看所在学科领域内相似的博士论文篇幅如何,了解它们如何分配各章节的字数——这些论文的处理方式不一定是最好的,但既然它们通过了答辩,这就意味着评审专家认可其做法。二是问问导师他们觉得本学科常见的论文章节字数分配方式是什么,以及他们觉得哪种做法适合你的论文。但这两件事都无法提供最终答案：毕竟这是你的博士论文，为论文内容、写作结构、字数分配负责的人只能是你自己。你应该知道，答辩会上最忌讳的回答就是"因为我的导师让我这样做"。

如前所述，如果论文的导论部分主要用于解释 MRQ、RSQ 和后续章节内容的来由，那么，尽管这些要点对于理解整篇论文至关重要，这一章也要写得相对短一些——虽然不同的学科会有不同的要求，但增补这一章的内容时仍需给出充分的理由。

文献综述部分（包括研究语境的阐述、概念的定义或澄清）的情况则更为复杂。在应该对有关 MRQ 的文献进行必要综述和分析的地方，你可能需要一些这样的章节——但如果不需要太多有关语境或定义的讨论，那么要写的内容就会少很多。于是，留给博士生们的问题就是：我所在学科的博士论文"通常"是怎么做的？导师在这方面对我有什么建议？

方法论部分。如前所述，我们一般认为方法论部分的作用是：(i) 论证特定的研究方法或关键技术的可行性；(ii) 论证特定的本体论和认识论观点以及研究者"立场"的合理性；(iii) 解释并说明实际研究是如何开展的。然而，不同学科对上述三方面的侧重有所不同——特别是涉及更具哲学意味或关乎"立场"的问题时——因此，这类章节的篇幅在不同学科之间可能存在较大差异。如果所用方法鲜有人知或颇受争议，那么可能需要较多的字数；如果所用方法基本上已由该研究从属的主课题决定并被证明可行，那么字数就会大大减少。同样，我们的建议是：向你所在领域的已毕业博士和你的导师请教。

研究结果和分析讨论的部分。研究结果、分析和讨论的部分都有很多种写法：有些主要用文字来描述结果，有些则主要用数据；有些可能只需描述一组结果，有些则需要描述不同方面、不同群组的结果；有些可能只用了一种研究手段（如问卷调查或解释学方法），有些则可能会用三角互证法；有些会尝试对每一组结果依次进行分析和讨论，有些则会尝试同时描述、分析、比较各组结果。因此，我们会在这方面看到很大的差异。

你应该如何编排这些章节来描述你的研究结果，这主要取决于你的选择，但必须是正当合理的选择。无论你采用哪种方法，结果分析部分所需的字数仍然有很多种可能的情况。我们的建议依旧是：查阅所在学科领域相似的博士论文，并请教你的导师。

结语部分。如果你采纳本书的观点，用所有 RSQ 的研究结果来回答 MRQ，那么这部分也会和导论部分一样成为整篇论文最凝练的部分。但是每篇论文的情况需要具体分析，因而阅读主题相近的博士论文、及时与导师沟通仍然非常重要。我们要在一章之内言简意赅地说明相关建议、研究局限性和未来研究方向——不过，它们的篇幅仍然取决于所研究的主题、研究结果的意义以及研究所属的学科，有关进一步研究的建议也是如此。

总而言之,如果你在某一部分写得太多或者太少,那就有可能造成论文整体结构的不协调,之后也会给自己带来很多麻烦。为了让论文结构合理可行,你需要确保论文各个部分的篇幅平衡协调。如果你的文章篇幅远短于所在学科论文的平均长度,那么读者可能会认为你对这一领域的了解还不够,或对关键问题的讨论尚不充分。反之,文章篇幅过长则通常意味着你写的内容缺乏选择性和针对性。如果你发现自己的论文字数和所在领域的一般要求差异较大,那么就需要和导师讨论一下,看看他们觉得这里有没有问题,如果有该怎么办。不过话虽如此,我们仍要在此重申两点:

a 无论你打算怎样做,请确保能给出详尽的理由;

b 无论你打算怎样做,请记住这是你自己而不是你导师的抉择,对此负有最终责任的人是你。

那么,最后……

到目前为止,你不仅已经构思好了论文的标题,而且已经构思好了 MRQ 和 RSQ,因而可以轻松地说出论文的主题是什么。同时,你也确保了各章节的标题同 MRQ 和 RSQ 的侧重点相匹配。现在,你已经对论文的章节结构有了非常清晰的认识,毕竟你也很清楚每个部分大概需要“分配”多少字数了。

现在,你还有最后一项有关论文结构的工作要做,它需要我们回顾之前提到的章节分组,思考怎样设计它们的内容和结构才能使整篇论文显得更有条理。因此,在系统地分析其他几组章节之前,下一章我们会首先探讨写作导论部分的最有效方式,在那之后你就能写出一篇让读者和评阅人都感到满意的、结构严谨的论文了。

第七章
导论和文献综述的写法

向别人介绍你的论文结构

第六章呈现了你（作者）该如何帮助别人理解论文结构的逻辑，描述了你该在哪些章节、该如何处理每一个研究子问题（RSQ）。这些论述也清楚地表明，论文的各个章节不是独立自足的，相反，你在写作时要将它们视为一个有机整体的组成部分，其中的每一部分都有助于形成对研究主问题（MRQ）的最终解答——本章我们要详细探讨的就是论文的前面几章该如何在这方面发挥作用。

你应该还记得，我们在上一章提到论文的章节可分为以下几种：

ｉ"孤家寡人"导论部分，介绍作者个人情况、主要研究问题以及按照这些问题来编排的论文结构；

ii 讨论学科文献、研究背景或相关语境的章节；

iii 方法论部分，涉及所选择的研究方法、所采取的本体论和认识论立场、研究的具体实施方案；

iv 研究结果部分，涉及研究结果的描述、对结果的分析和讨论，这一部分的论述还须与已有的研究文献互相参照；

v 结论和建议部分：论文的重要章节，因为 MRQ 最终在这一章得到了全面而充分的解答；除了结论之外，它通常还包含涉及建议、局限性和未来研究方向的部分。

我们将在这一章讨论前两种章节——但它们不应该是论文中最先写的部分。把所有的材料（文献、研究手段、结果、分析）都准备好之后才开始动笔不是一个好办法。如前所述，古乔内和韦林顿（Guccione & Wellington，2017，p. 89）认为博士生们需要使用一系列不同的写作"挡速"，所以最好尽早开始练习："低速挡"的写作要求我们能对读过的内容进行描述、改述和总结；"中速挡"的写作要求我们具备一些更高层次的能力，比如对不同的材料进行解释、比较和联系；而"高速挡"的写作要求我们掌握综合、分类、批判以及提出自己观点的能力。既然如此，你需要从一开始就训练自己的写作能力——这会让你在上述方面做得更好——将这种练习留到最后不仅与论文写作的"反复性"（iterative nature)相悖,而且会妨害关键写作能力的养成。

不过,从论文的实际写作来看,由于导论部分的主要作用是让读者(以及作者)更好地理解论文的内容和结构,它势必是要首先安排妥当的章节——现在我们就来谈谈这个问题。

导论部分:把"行李箱"拎上"火车"

紧接着上一段的最后一句话,我们下面要说的这句颇有道理的老话可能会显得有些奇怪:导论应该是整篇论文中最后写完的部分。从未听过这种说法的人可能会觉得它有些荒谬,但这句话谈的其实是论文写作的"反复性":你的论文或许是精心构思的,但从开始写第一页到写完最后一页的这段时间里,什么事情都有可能发生。曾经有个年轻记者问英国前首相哈罗德·麦克米伦(Harold Macmillan)有没有什么事情可能使他无法按原计划推行其政策,麦克米伦温和地笑了笑说:"各种事件,亲爱的孩子,各种事件。"学位论文也是如此,而对一个很可能从未做过研究、写过论文的博士生来说,必须做好应对各种意外状况的心理准备。因此,写完导论之后你不应该认为自己已经完成了论文的导论部分。你最好先写一个能让读者把握全文主旨和结构的导论初稿,但你要明白,这部分内容肯定会在论文的写作过程中发生变化。所以事实上,整篇论文中最后写完的部分总是导论的终稿。

但一开始要写些什么呢？你可能已经对论文有了很多想法，但该如何呈现它们才能让读者觉得很有连贯性呢？毕竟你不希望评阅人一上来读完第一章就觉得论文的组织架构令人费解——第一印象是非常重要的。

这也是很多写论文的人所面临的挑战。本书的作者之一当年在写他自己的博士论文（Bottery, 1986）时，曾听导师说他写的导论就像一个人刚踏上一段漫长的火车旅程：有人告诉他旅途中的所有必需品都在那儿，就像站台上的那些行李箱，而读他的论文导论就像看着一个不知该如何把行李箱拎上火车的人。通常情况下，博士生刚开始听到导师的意见时并不总能完全理解对方的意思。我的导师想用最通俗的方式告诉我，虽然我所拥有的材料足以支撑起一篇好论文，但我就是不知道应该如何把它们呈现给读者。他实际上想说，他看着我拿起一些行李箱，放下另一些行李箱，把其中一些拎上车之后，又把它们搬下来，再把另一些拎上去，因为我还没有完全想明白我要做的事情有什么用、实现这种作用的最佳方法是什么——你也许会说，这样做不能给观众（也就是论文的读者）留下深刻的印象。

因此，对于一篇论文的导论而言，关键的问题显然是：它的作用是什么？当然，导论的作用肯定不止一个，在我们看来至少有三个。

第一个作用就是向读者介绍自己。我们不是说要你写一章自传，但我们确实认为，博士培养的一大方面和博士论文的一大评判标准就是每个人在博士求学过程中的变化和成长——很多时候,作者会告诉读者为什么他们对这个研究领域感兴趣、为什么这是一个需要继续推进的重要领域、为什么他们适合做这项研究,以此来说明这种个人成长。如果你也想写这些方面的内容,那么就可以把它们放在导论部分。

正如我们不建议你在导论部分写自传,身为导师和评阅人的我们也不希望在一篇论文里看到太多的"我",因为这个字会把个人观点和研究材料混为一谈。不过在"我"字的使用上,有些学科确实比其他学科的要求更宽松,所以就像本书提到的其他问题那样,博士生也应该就此问题征求导师的意见。当然,在导论开头用第一人称告诉读者开展这项研究的人是谁、为什么此人适合做这项研究,这不仅有助于说明研究本身的进展,也有助于说明研究者个人的成长。回到火车的类比,我们可以说第一个"行李箱"是关于你个人的,它的标签是:

• 我是谁,我感兴趣的研究是什么,为什么我适合做这项研究。

但是另一种关于你个人的信息也需要"带上火车",这种信息对于很多研究都非常重要,因此有必要专门为它配一个行李箱。这就是学理上所谓的"立场":换句话说,在整理博士之旅的个人"行李"时,你不仅要考虑你的个人背景、价值观、希望、预期,要考虑上述四项如何影响你的所见所闻、所写所释,还要考虑你所采用的研究手段的性质和内容。几乎没有哪篇博士论文不受这些因素的影响,因此花一点时间讨论上述问题是既能锻炼又能体现你的自我反思能力。所以你的第二个"行李箱"的标签是:

• 我是谁,这会如何影响我对该领域的理解,我将开展的研究是什么。

如果你是这样写开头的,那么现在就可以从自我介绍自然而然地过渡到论文的主题,从主要兴趣域的陈述过渡到论文的主要关注点。由此,你也能很自然地提出整篇论文的研究主问题。于是你的第三个"行李箱"就和 MRQ 有关,它的标签是:

• 我的研究主问题是 _____。

你之前已经做过这件事了。我们向你介绍了沙龙和她对监狱教育之"顺手""棘手"的研究,介绍了麦克和他对教育类计算机游戏之潜力的研究,介绍了杰夫和他关于增进全社会对可持续发展的理解的理论背景的研究。我们不知道你会不会觉得这些故事很无聊:通过人们的亲历之事来了解这个世界,这是很符合人性的,每一篇博士论文都是某一个人的故事,研究的主问题也正是由这样的故事引出的。虽然到目前为止你只是把前三个"行李箱"拎上了"博士专列",但你已经把读者带到了你的故事之中,已经论述了选择那些内容的原因,已经论述了按现有顺序呈现它们的理由——这意味着你的导论正在稳步推进。

如果你真的理解了我们前面几章所说的内容,那么现在应该就知道第四个"行李箱"里装的是什么了。如前所述,要回答 MRQ,就必须将之拆解成一些研究的子问题,这也是你应当列出并予以说明的——这些 RSQ(及其合理性论证)就是第四个"行李箱"里装的东西,它的标签显然是:

• 这些是回答研究主问题所必需的研究子问题。

我们想让你明白的是,这种导论的优点在于能清晰而有条理地为作者(以及读者)呈现从个人问题到研究领域、研究焦点、关键问题的过渡。

到目前为止,我们只说了四个"行李箱",而根据前面几章的讨论,我们还需要第五个"行李箱"。你已经有了涉及研究动机、个人经历、兴趣领域的"行李箱",有了描述个人价值观和"理论立场"的"行李箱",有了详细介绍 MRQ 的"行李箱",以及涉及所有 RSQ 的"行李箱"。不过现在,你还需要在论文中找到合适的位置来处理这些 RSQ,这也正是第五个"行李箱"的内容,它的标签是:

• 这些研究子问题将在下列章节分别得到解答。

通过这种方式,你从一开始就把整篇论文的结构安排好了,它能清晰而有条理地告诉读者你在做什么、为什么要这样做以及你打算怎么做。沿用火车类比的话,我们可以说你已经为读者呈现了一份相当完整的"行程概览"。我们在此想要特别强调的是:你的评阅人会非常喜欢这种做法——你已经为他们安排好了"行程",因而他们很容易看出:

a 这次"旅行"及其"目的地"对一位博士生而言是否
　合适;

b 这对你而言是不是一次合适的"旅行";

c 你是否坚持走完了这段"旅程";

d 你在此过程中做得有多好。

这些正是他们在评价你的博士论文时需要考虑的问题,而上述类型的导论会让他们的工作轻松许多。不仅如此,如果他们认可你对"旅行"和"目的地"的描述,那么这种结构安排会让他们很难挑出毛病——你的论文从第一章开始就是"滴水不漏"的。此外,由于你的导论让他们的负担变轻了很多,他们之后就更有可能对你的研究作出积极的评价。

反复修改和自我反思

话虽如此,但如果你制定了一个明显需要调整的计划

而后严格执行,这也不会给评阅人留下好印象。需要调整计划的原因有很多,这里简单列举几个:

- 进一步考察 MRQ(例如研究一项新的商业技术对医院的运行状况有何影响)后发现,所需的文献综述与最初的设想(可能是有关企业变革管理的文献综述)不同,进而使所需论据的类型和获取论据的方法发生变化。
- 通过回顾有关如何调查消防队员对所在地区新近立法的看法的文献,发现一对一访谈不如焦点小组访谈来得有效。
- 重新认识了"理论立场"对论文性质的影响,有必要进行一些修改或补充。
- 研究某一主题的学生发现问卷回收率远低于预期,因而可能需要对收集的数据进行调整或补充。
- 一位学生因为运气好而接触到了一些政府官员,并了解到他们对 40 年前一场重大政治变革的看法,因而想扩大论文中提及的利益相关群体范围。

上述的某些例子可能会对论文的方向产生重大影响,这种情况就需要和导师进行深入讨论。另一些变化所带来的影响可能没这么大,但仍然需要仔细权衡,因为即使是较小的变动,也有可能带来比这种变动本身大得多的影响。

除了较大的变动和调整之外,在你遇到新的报告或文献的时候,在你同导师和同学进行讨论的时候,甚或只是重新翻看你迄今所写的内容的时候,你也同样需要进行反思和调整,用新的视角予以看待。它可能意味着要对某个研究子问题进行微调,因为这样才能更好地回答 MRQ,它还可能意味着要对 MRQ 进行调整——但你要问问自己,因某个 RSQ 的调整而调整的 MRQ 是否会导致其他一些 RSQ 的调整。部分修改可以在对应的章节中提及,而当你描述自己所做的修改时,其实也在为后继研究者的思想起点"添砖加瓦"。其他的修改可能仅仅是章节结构或相关论述的调整,但关键在于,这些修改意味着你永远不应该假设自己最初写在导论中(或者论文其他部分)的内容是"一锤定音"的。要想写出一篇观点有力、论述合理、无懈可击的论文,反复修改和自我反思是必不可少的——做不到这两点的人往往在阅读和写作方面过于死板和固执,因而其论文也会受到相应的影响。

用五个"行李标签"来写论文的导论

现在你已经知道导论的结构是怎样的了,那就可以开始给自己的论文写导论了。你会发现自己已经完成了绝大部分的任务。

请记得你的导论有五个"行李标签",而且你现在也已经知道了它们的次序及其背后的逻辑。这些标签是:

- 我是谁,我感兴趣的研究领域是什么,为什么我适合做这项研究。
- 我是谁,这会如何影响我对该领域的理解,我将开展的研究是什么。
- 我的研究主问题是 _____。
- 这些是回答研究主问题所必需的研究子问题。
- 这些研究子问题将在下列章节分别得到解答。

　　需要注意的是,像之前所说的那样,如此重要的一章可以并且必须写得非常简练——将五个"标签"的逻辑讲清楚,对它们做出必要的说明,预告下一章的内容。你的读者不需要而且也应该不想看除此之外的任何内容。

　　至此,你已经涉及了本书前几章中提到的绝大部分内容。比如,你在第 4 章中已经碰到过第三个"标签"(MRQ 的构思)了,也在第 5 章中碰到过第四个"标签"(各个 RSQ 的构思)了,而在第 6 章中你还遇到了第五个"标签"——将研究子问题和论文章节关联起来。

　　因此,我们强烈建议你现在就开始写导论的初稿。这可能需要花一点时间,但在你还清晰地记得这些想法的时候做这件事无疑是极好的。它之后肯定需要调整,但这样一个有条理、有逻辑的基础无疑能帮助你推进论文的思路。

　　还有一点很重要,你需要在导论部分的最后一段预告下一章的内容,并说明为什么要在论文的这个位置讨论该内容——这一做法充分表明每个章节都有其特定的作用,即围绕论文的主要关注点全面地回答研究的主问题。一旦写完导论部分,你的"博士之旅"就算正式开始了。

撰写"文献综述"

你会发现,虽然我们倾向于用"文献综述"来称呼论文的前几章,但我们有时也会用其他的术语,因为我们不认为这种叫法是完全恰当的。在实证性的论文中,这类章节通常出现在导论之后、方法论讨论之前,而在一篇理论性的博士论文中,它们可以出现在任何涉及新论域的地方,也可以构成论文的主体部分。但你会看到我们有时也用其他术语(如"背景"和"语境")来指称这些章节——不过,这里似乎还有一些问题需要处理。

第一个问题是,把某一章称为"文献综述"往往意味着作者用这一章来评述某些特定的学术文献。如果有人正在研究癌症的成因,那么其中一种"文献"就是该领域的相关研究综述,但是由于癌症的种类和成因都有很多种,因而在此之前或许需要讨论一下"癌症"是什么,以及这篇论文会提到哪些癌症。同样,如果有人在博士论文中研究在某个前苏联成员国实现民主的可行性,那么在用实证的方法考察这一问题之前,此人很可能需要澄清"民主"一词到底指什么。上述例子表明,我们有必要做一些考察研究关键词方面的概念练习。此外,即使我们能就"癌症"和"民主"两个词的含义达成共识,假如特定的语境不仅会影响研究的实施,还会影响研究的效果,那么就有必要考察一下这些现象的研究语境是什么。而哪怕弄清楚了这件事,如前所述,语境的问题依旧存在:地理的? 历史的? 文化的? 性别的? 制度的? 实际上,你可能不仅需要讨论一系列语境,而且需要说明为什么选择某些语境。

第二个问题是,一个 RSQ 中可能会包含有关学科、概念和语境的要素。例如,假如 MRQ 是:

> 移动技术对阿拉巴马州伯明翰市的高效警务工作有何贡献?

那么其中一个 RSQ 很可能就是:"移动技术"一词是什么意思? 对于这个问题,需要查阅的"文献"可能有这样三种:涉及移动技术的定义或概念问题的文献,涉及移动技术如何影响"高效"警务工作(当然"高效"也需要定义)的学科文献,涉及语境(回顾移动技术在美国特别是在阿拉巴马州的应用)的文献。

【练习】你能将上述做法运用到这篇爱尔兰博士论文(McQuillan, 2011)的 RSQ 中吗——你能否在每个 RSQ 旁边写出它所包含的要素是有关概念、学科还是语境的吗? 论文设定的 MRQ 是:

> 爱尔兰顶尖的天主教学校的首批教外校长(lay

principals)如何看待自己的角色,尤其是从管理和组织转型的层面看?

它的文献类 RSQ 如下:

RSQ1:天主教的教育有什么特点?(涉及概念、语境还是学科?)

RSQ2:教外教师(lay teacher)在爱尔兰天主教中学教育体制中的历史作用是什么?(涉及概念、语境还是学科?)

RSQ3:哪种有关管理和组织转型的理论框架最适合本研究?(涉及概念、语境还是学科?)

对于 RSQ1,这三项似乎都包含在其中;对于 RSQ2,我们认为它主要是涉及语境的,兼有一些涉及学科的讨论;而 RSQ3 似乎是概念要素("理论框架")和学科要素(不同的理论框架主要在学科文献中得到定位和讨论)的混合。我们建议你对本书提到的所有 MRQ 和 RSQ 都做一遍上述练习。

由此便出现了第三个问题:我们应该按照怎样的顺序来安排涉及"文献综述"的各个章节?我们已经说过,放在最前面的一般是定义问题,因为它们有助于澄清研究的内容。但涉及到有关学科问题和语境问题的章节时就没什么硬性规定了,你完全可以先按照某种顺序写,然后再换成另一种读起来更好的顺序。话虽如此,但更常见的做法是在有关语境的章节之前写一个主要与学科相关的章节,这仅仅是因为本学科研究的回顾更能让读者提前了解作者所在领域的基本问题,而有关语境的章节则开始从这种概览转向论文本身的具体关注点。但如果你有自己笃信的想法,而且能说明采用这种非常规顺序的合理性,那么就只管去做——只要你能拿出足够充分的理由。

有的放矢还是面面俱到?

这就引出了我们的最后一个问题:这类章节需要涉及哪些内容? 一般来说,我们发现如果博士生们不明白他们应该在这些章节中干什么,那么无论是我们谈的概念理解、学科议题还是语境因素,他们都会就自己所关注的领域尽可能多地提到相关内容。

只消读完前两页就会带来第一个后果:读者觉得自己拿了一份有点像家具产品目录的东西。或者换个比方,如鲁德斯坦和纽顿(Rudestam&Newton,1992, p.49)所言,你应该建立一套论证而不是一座资料库。读者不想看到一篇仅仅罗列史密斯说了什么、卡恩说了什么、赖特说了什么之类的综述,这种综述在前面提到过的写作"挡速"上没有丝毫推进——如果只用"低速挡",那么它就无法实现文献章节的主要作用——而在这种情况下,文献操纵着作者。这听起来似乎很奇怪,因为文献并非有意识的生命体,无法控制其他有意识的生命体的活动。但文献本身就颇有影响力,尤其是如果它们由具有博士学位的教授撰写并发表在大型图书馆收藏的权威期刊上。于是,博士生可能会觉得自己所能做的也就是复述那些文献的内容了——他们可能会想:我区区一个博士生,难道还能从这些资料中找到可以用来批评那些知名学者的内容? 而且,对一篇文献作选择性评述的难度要远高于单纯的内容概述。

然而对一名博士生来说,分析文献的能力至关重要:你要明白,如果你能证明自己的选择和评述是合理的,那么你就有权决定什么可以保留、什么必须剔除以及该如何描述它们。

这恰恰也是 RSQ 能发挥作用的地方,因为它们为作者提供了"反客为主"、摆脱文献"掌控"的目标与方向。如果没有 RSQ,论文的标题或 MRQ 就会很难拆分。举个例子,某篇论文的 MRQ 是:

> 在顶尖的运动服装企业中,高信任文化(high-trust culture)对不同层级的员工有什么影响?

论文作者需要哪些 RSQ 及其对应的章节来回答这个研究主问题? 如果之前没有对 MRQ 进行过拆解,那么很可能就要用"文献综述1""文献综述2"来充当论文前几章的标题了。稍微好一点但仍然比较简略的标题是:

- 高信任文化的本质;

• 运动服装企业的性质。

这些当然都是合理的章节标题,但它们未必能全面地回答 MRQ,而 MRQ 最初可能会被拆解为一些这样的 RSQ:

RSQ1:构成高信任文化的要素是什么?

RSQ2:企业精神会在哪些方面影响高信任文化?

RSQ3:运动服装行业的企业精神有哪些独特之处?

RSQ4:层级制对信任关系有何影响?

RSQ5:企业中不同层级的员工会受到怎样的影响?

RSQ6:研究这些问题的最佳方法是什么?

构思上述 RSQ(并在必要时进行检查和修改)能让你更好地理解各个章节要写什么内容——更重要的是,它能让与博士论文相关的阅读、研究和写作紧扣 RSQ 展开。因此,博士生们无论如何都不应该在学位论文中述评所涉论域的全部资料,而应该只选择那些能回答所列 RSQ 的资料。于是,他们的首要任务就是按以下思路组织章节:根据学科、概念或语境有选择地评述文献,并由此回答各个具体的 RSQ,最终给出 MRQ 的解答。因而,RSQ 对于实现"有所选择、有所侧重"的论文写作要求有极大的帮助。

　　我们已经谈完了论文前面几章的写作，这些章节旨在向读者介绍论文的意图、与之相应的论文结构，以及重要的文献、语境对该研究的影响。在着手获取论据之前，你需要告诉读者本研究的指导原则、收集论据的最佳方法与技术，以及你打算如何获取这些论据。由此我们便进入到了重要的过渡章节，即探讨方法论的部分。

第八章
方法论部分的写法

引言：方法论的意义

论文的中间部分是连接有关研究问题的前期工作、探讨文献和语境的章节、为回答这些问题而收集的论据之间的"桥梁"。因此，这是一座"方法论桥梁"，它通常出现在中间的章节，旨在让你用有力的陈述和论证，说明如何根据研究问题的性质采取合适的方法开展研究。我们之所以说"通常"，是因为探讨概念方法论的章节也可以放在论文的开头，一如前面提到的王秉豪的论文（Wong, 2005）——如果所使用的方法在本质上是概念性的，那么就需要在论文开篇对其用法进行说明。

这也关系到我们对"方法论"一词的理解。我们将之视为一个无所不包的术语，它包含对以下四个问题的有限讨论或延伸讨论：

1 对收集论据的方法与技术（包括哲学性的）的选择和合理性论证；

2 使用"有效性""可靠性""可推广性""可信性"之类的概念，让他人更信赖你的研究结果；

3 个人、文化、道德价值观对研究的影响方式和影响程度；

4 描述你选用的方法与技术在你所要研究的问题上的实际应用。

我们之所以说"有限讨论或延伸讨论"，是因为人们对某些问题的重要性有不同的看法。在某些学科和论文当中，方法论问题可能不成其为问题。例如，一项受科研经费资助的博士研究往往是某个团队项目的一部分，那么关于方法论的大部分考量可能已经在那个主课题的概述中完成了——有人或许想称之为博士研究的"现成"方法论，因为它看起来像是一件预先包装好的、仔细检查过的工具，博士生只需确保自己严格遵照使用说明一步一步做，便能获得想要的论据并加以分析。

然而上述方法存在两大问题。第一，假如有关方法论的大部分工作在博士生开展研究之前就已完成，那么这在多大程度上算是"博士"培养就会颇有争议——如果攻读博士学位的一大作用就在于让研究生成长为研究者，那么这种做法很可能会阻碍这种成长,我们要给博士生理解前述方法论考量及问题的空间和机会。第二,评审专家很可能会问一些有关方法论的问题,而博士候选人要能够描述论文中采用的方法并论证其合理性,尤其是在最后的正式答辩环节。出于上述两个原因,即方法论方面的博士培养之需、所选用方法的合理性论证之需,我们需要认真对待方法论的问题。

技术与方法的选择

在理想状态下,研究者大都希望尽可能多地了解所研究的问题,而根据以往的经验有两种可行的做法。第一,他们可以试着尽可能多地从某种现象的实例中提取论据——这样的话,他们可能会对这个主题进行非常广泛(就数量而言)的研究,并用数字记录这些论据。第二,他们也可以对某些特定的实例进行尽可能深入的研究——在这种情况下,他们很可能会对所选的个别实例进行定性研究,并用文字记录论据。

由于时间和资源有限,很多研究者可能既无法接触到所有的可用实例,也无法确定自己的研究深度是否足以完全理解某一特定实例。通常出现的情况是:在定量研究中,研究者称样本量大到足以得出一系列可推广到总体的结论;在定性研究中,研究者称他们所得到的解答和从其他实例中得到的相同,或者没有从相同的实例中发现新的内容。上述两种情况都可以被称为论据的"饱和"(saturation),研

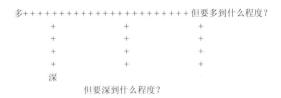

图 8.1　研究方法的连续体(continuum)

究者也会因此宣称自己无需挖掘得更深了。图 8.1 就呈现了这样两种进路。

　　大多数博士生都会注意到,"广泛"和"深入"的研究通常采用不同的研究路径——"广泛"的研究用定量法,"深入"的研究用定性法。图 8.2 呈现了反映上述差异的典型例证,我们不仅能看到各种研究方法在"定量-定性连续体"中的位置,还能看到采用其中一种路径时可能出现的问题。此外,如图 8.2 所示,一种路径的长处往往是另一种路径的短板——这意味着选择三角互证法(这个术语很奇怪,因为你采用的方法和技术可能只有两种或超过三种)或许是避免此类问题的最佳方法,它能提供更具包容性和广泛性的信息。三角互证(对用不同方法所获得的结果进行选择和比较)可以帮助你做到这一点,而同时采取两种路径可以在一定程度上以一种路径的优点弥补另一种路径的缺点。于是,对定量法和定性法的用途、范围、优缺点的认识,应当成为对任何单一或复合方法之合理性论证的一部分。

　　因此,作为一名博士研究生,你最好在这儿稍事停顿,问自己两个简单的问题:

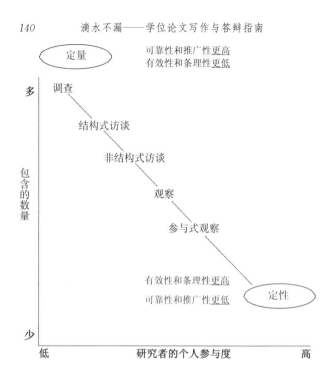

图 8.2　研究方法连续体中的问题

- 我更喜欢哪一种研究路径?
- 为什么我更喜欢这种路径?

可以先口头回答然后再写一个书面回答,当然最好能找一位博学的朋友一起做这件事——千万不要给出"因为我所在领域的其他研究者都这么做"或"因为我的导师让我这么做"之类的回答。你应该要给出一个自己能理解并澄清的理由,这个理由应来自某一路径的性质和优点,而非文化上的舒适感或者对导师意见的遵从。

选用恰当的技术以确保论据的质量

由于定量研究方法和定性研究方法的主要用途不同，我们不必用同一套标准来评判它们。例如，如果你想测量大型群体的反应模式，这需要一种路径，而研究这种模式背后的成因就需要另一种能更深入的路径。同样，如果你正在用一种路径了解某一群体的根本信仰，那么再用同一种路径发掘上述反应背后的模式就不太合适了。因此，你必须知道有关研究手段的一系列问题——比如有效性、可靠性、可信性——这些都是采用特定方法或技术时需要仔细考虑的问题。但你还得知道，这些问题中的哪一些对这一学科的这一课题而言是重要的，哪一些是不重要的。

总而言之，你需要根据不同的问题用不同的方法获取最佳的结果（广还是深？），而如果你想就某个问题形成一种全面的概览，那可能就同时需要"广"和"深"的路径了，也就是要对研究手段和研究结果进行三角互证。但确定上述路径并论证其合理性也需要花点时间——博士新生往往会低估这一点。因此我们对博士生有两方面的建议：第一，要清楚地知道完成论文所需的时间，并根据博士论文的篇幅、耗时、要求、措辞来调整研究路径；第二，要能解释并证明为什么你的研究只需要涉及上面所并列的一部分问题。

不同类型论文的认识论、本体论和研究立场

有关认识论、本体论和研究立场的问题总令人望而生畏,因为它们涉及的是博士研究方面最难回答的问题,其中包括:

- 我正在研究的知识具有何种属性?
- 这样一种知识观意味着一种怎样的世界观?
- 我需要在多大程度上关注我自己对研究的影响?

如表 8.1 所示,上述问题对论文架构的重要性往往因学科而异。那么,自然科学领域的一些研究者主张一种客观主义的知识观,认为世界观是可以统一的(Chalmers,2005),相信研究者对研究对象影响甚微——因此,他们在论文中就不会花大量笔墨讨论这类问题。然而社会科学领域在这些方面歧见颇多:一些研究者想要模仿自然科学的研究方法,因袭自然科学在知识观、世界观、研究者主观影响上的看法;而另一些研究者认为,社会科学的学科性质(即研究具有反思能力的人类)要求他们持有一种主观主义的知识观,相信人们可能会有不同的世界观,认为研究者可能会在有意或无意中地对自己的研究产生极大的影响。于是,社会科学的论文会在方法论部分对上述问题有更多的讨论。

表8.1 对知识、实在、研究者介入的性质的不同看法

	倾向于相信……	倾向于相信……
知 识	更客观主义的知识观	更主观主义的知识观
实 在	对世界的认识可以"符合事实"	对世界的解释方式必然多种多样
研究者介入	(i) 主观因素的影响可以很小 (ii) 研究立场方面的考虑无甚必要	主观因素的影响必然很大 研究立场方面的考虑很有必要

这种差异很大程度源于不同学科的研究主题在可感性质上的差异,也就是研究者眼中研究结果的"客观"程度有所不同。自然科学的研究对象,大多是物质世界中那些对研究者的意图和行为既无了解又无反应的东西——这些研究者还称,其所在学科对什么是"科学工作"有具体而公开的规定,这些规定旨在消除一切研究过程中的个人偏见,因而表8.1左列呈现的就是这种观点。如果人们相信自然科学的论据比社会科学的论据更少受人为因素的影响,那么自然科学研究者也会认为他们的论据(以及他们的"认识论")比社会科学的更"客观",他们也宣称自己的"本体论"(即他们的世界观)是对外部"实在"的一种更清晰的认识。的确,研究对象的性质使物理学者更有理由宣称自己的研究的"客观性"高于社会科学,因而他们通常不会在方法论部分详细讨论这类问题,并且认为这些事情无需解释。

与此相反,社会科学的各个学科通常研究的是人类世

界的问题，正如阿兰·布里曼所言，许多研究者所做的工作是"对他人的解释进行解释"（Bryman，1992，p. 79）。此外，一些社会科学研究者认为，由于人类的大脑必须从当前的刺激中做出选择，形成对这个世界的不同理解或"框架"，因而他们的知识（即他们的"认识论"）必然不是"客观"的，而更像是一种经由选择的"主观"产物。那么，社会科学研究者的这种"本体论"观点（即他们看待世界的方式）往往认为：人类永远无法真正看到那个终极的"实在"，他们充其量只能解释自己接收到的刺激并以此建构自己的"实在"。

在许多社会科学学科（如心理学）的历史中，都能看到一些学者试图模仿自然科学、拒斥不符合自然科学标准的论据（Shotter，1975）——这种观点甚至还影响了哲学界（Ayer，1940）①。批评者指责他们只把注意力局限在某些方面，从而错失了很多有价值的论据；相反，这些批评者认为，社会科学研究者之所以应该像自然科学研究者那样坚持逻辑、理性、可争辩、公开讨论的原则，恰恰是因为在研究其他人理解实在的方式时，研究者本人也深深地介入其中，所以他们必须阐明自己的理解方式是否以及如何影响研究本身。因此，表 8.1 右列所呈现的往往就是社会科学研究

---

① 这里指的是英国哲学家艾耶尔（Alfred Jules Ayer）的成名作《语言、真理与逻辑》（*Language, Truth and Logic*），该书曾被视为系统、通俗阐述逻辑实证主义主要观点的优秀教材。艾耶尔在书中旗帜鲜明地提出"拒斥形而上学"，将哲学的任务归结为知识（特别是科学语言）的逻辑分析，提出"可证实性原则"是检验设想的事实陈述的意义的标准。——译者注

者在方法论部分所讨论的内容。这可能会造成一些混乱，因为同一学科的不同研究者(甚至不同导师！)在本体论、认识论和个人立场问题上也会持有截然不同的观点。

不过，上述问题不只出现在社会科学的思想和实践中。要知道，在物理学的核心领域，海森堡不确定性原理证明了测量行为会改变原子微粒的运动方向，进而影响测量的准确性。虽然自然科学会用逻辑、理性、可争辩、公开讨论的原则超越个人意见，得到公认的科学"真理"，但自然科学研究者和社会科学研究者都是人，他们都必须为自己选择一种理解外部实在的方式。在科学史和科学哲学的研究中，尤其是在托马斯·库恩(1996)和保罗·费耶阿本德(Paul Feyerabend，1978)等人的著述中，我们可以看到大量说明科学实践深受文化因素和研究者主观因素影响的例子。他们的观点与历史哲学学者颇有共通之处，比如爱德华·霍列特·卡尔(E. H. Carr，1964)认为，历史学家无法同自己研究历史事实的过程相剥离，他们必然受到其所处时代的观念和价值观的影响。库恩在其科学哲学著作中也提到，文化和个人的价值观会影响人们看待、研究科学的方式，这使得许多科学家(以及博士生)浑然不觉地在某个特定的科学"范式"下开展他称之为"常规科学"的研究。如果之后发生了科学革命，那么结果也不过是人们转而遵循一种新的范式。这体现了一种以不确定性为基本特征的科学观，正如波普尔(Popper，1982，p. 111)所说：

客观科学的经验基础毫无"绝对"可言。科学不是建立在坚实的基石上的,其理论结构不如说是公然屹立于沼泽之上:它就像一栋盖在桩柱上的建筑,这些桩柱自上而下地打入沼泽,但没有打到任何天然的或"指定"的底基上。而如果我们忽然停下、不再把桩打得更深,那这并不是因为我们已经找到了坚实的地基,而仅仅是因为我们觉得这些桩柱就支撑起目前的整个结构而言已然足够牢固。

因此,任何一名博士新生都会受到其所在学科的"常规"实践、导师在此类问题上的立场的影响。就算某种特定的学科立场认为无需在方法论部分过多讨论此类问题,博士生们仍应关注这方面的争论,由此决定自己要在方法论部分花多少笔墨探讨此类问题,并给出相应的理由。认识论、本体论、主观立场方面的探讨既有可能是方法论部分的重点,也有可能是相对次要的内容,但无论是哪种情况,博士生们都必须要能说出自己这么做的理由。

伦理问题:价值观不仅会影响人们在一些伦理问题上(如动物和人体实验、权力和政治立场、研发核武器或生化武器等)所采取的自知或不自知的立场,而且会促使人们采取某种特定的研究路径,导致他们忽视一些可能对社会更有价值的论域。博士论文的相关部分必须包含对上述问题的认识和讨论。

有关伦理的考量既可以聚焦于某项研究的广泛影响,

也可以关注这项研究的具体实施方法。因此,博士生应当留意自己能否在论文中提出并有效地探讨下列问题以及处理它们的方式:

- 研究课题的性质(比如动物实验);
- 研究的语境(比如是在监狱中还是在学校中?);
- 所用的研究程序的性质(比如在做某件事的时候假装在做另一件事?);
- 使用这一程序的后果(比如问一些私人问题可能会使对方感到痛苦?);
- 研究参与者的特点(比如是认知能力受损的成人,还是文化观念不同的人?);
- 所收集的论据的类型(比如涉及较多隐私或机密的论据?);
- 论据的使用与误用(比如论据的出处,是否存在为得到想要的结果而故意强调的论据)。

如今,绝大多数高校都要求各项研究遵守伦理规范、递交相关表格,而且你所在的科研组织或机构可能也有自己的伦理准则和规范。这些表格会要求你解释研究的基本内容,并说明如何处理其中涉及的伦理问题——在这方面,你可以参考许多实用的文献和资源以获取更多的信息(Israel, 2014; Barnaum and Byron, 2001; Resnick, 1998)。带着上面这些问题,我们现在可以来谈谈技术与方法在具体研究中的实际应用了。

研究技术的应用和意外状况的讲述

在完成现阶段的规划并和导师详细讨论过后，你就该继续开展研究了。但在正式开始之前，你必须把这些计划和安排用纸笔或电脑记录下来，形成有关这些过渡性问题的完整初稿。在此过程中，有两个问题需要你特别注意。

第一个问题是你打算如何在论文中呈现这些过渡性的内容。有些研究者会把方法的选择、哲学和伦理问题、研究的实际进展分开来各写一章，有些则会把它们放到同一章里。尽管这里主要考虑的因素是所涉内容的篇幅，以及读者在各部分的阅读之间是否需要停顿，但到底哪种写法更合适，这仍然取决于每位博士生自己的判断。

第二个问题是论文中的过去时态和现在时态。当你撰写方法论部分的初稿时，由于研究还没正式开始，你很可能会用将来时态写作："我将把这些问卷分发给……，我将在访谈中用……对受访者进行引导。"而当你做完研究、撰写论文终稿的时候，你又得用过去时态对读者说话——你会在写作过程中加入新的内容，尤其是你遇到的那些意想不到的情况：

　　　　我原本打算把问卷分发给……，但我遇到了一些困难，于是……。我原本打算在访谈中用……对受访者进行引导,而且我也确实这样做了,但这导致他们的措辞发生了一些微妙的变化。

那么,论文这一部分的后期修改稿不仅应该用过去时态,还应该讲述你遇到的意外状况及其解决方式——如果你能这样做,那就证明你在这些问题上的想法较先前更为成熟。研究中出现的意外状况会引发一系列问题,我们需要在论文中详细说明它们的内容和解决方法。

首先要考虑的是如何确定论据的最佳来源。事实论据和样本群体对你的研究而言至关重要,虽然你可能会在头几稿中提到你选择这些例子的原因,但在后面几稿中,你还需要提到在这样做的过程中是否遇到过困难,以及这些困难是如何克服的。在这方面经常遇到的一个难题就是如何获取相关数据或找到相关人员:这通常意味着你会提到那些控制访问权限的"门卫",而只有你真正进入相关领域、遇到相关人员,才有可能写得出这方面的困难。也就是说,有些内容必须等到研究开始之后才能写。

另一个要考虑的问题涉及试测材料(piloting materials)。当你设计收集论据的方法时,通常很有必要先在一次或多次预调研中进行试测,而后根据所发现的问题对具体方法进行调整。你需要保留这些试测记录,比如问卷和访谈提纲的修改记录,又如从与同行的交流或对志愿者的试验中得到的修改建议。因此,当你在论文中谈及自己如何加深对研究技术应用的理解时,试测的具体细节、从中汲取的经验、由此所作的修改都是不可或缺的内容。

还有一种可能性,那就是你实际上做的事情和最初的计划相去甚远。在这种情况下,研究过程中出现意外状况就再正常不过了——应该说,要是意外状况没有频繁发生,那才令人诧异。如果你已经仔细考虑过并和导师讨论过这些问题,那么这种"意外"就能给论文带来更多正面而非负面的影响,因为它恰恰表明你能在随机应变的同时使研究目标保持不变。

更麻烦的情况是,你在仔细考虑过后发现论文甫一开头便已偏离原定的计划。这种想法上的改变恰恰体现出另一种选择的正当性,而对论文的一系列反思本身就表明你可能已经选择了另一条道路。不过,这看起来依然更像是你在研究过程方面的思想进展,是博士培养过程中必不可少的经验学习,而不是一个真正意义上的"错误"。那么在这种情况下,你应该将这种思想转变的描述、说明视为(并解释为)一个积极而非消极的信号。虽然你想打造一篇"滴水不漏"的论文,但(就像船舶那样)偶尔的小渗漏并不是什么灾难,尤其是如果我们能证明其结构的牢固程度足以抵挡这种渗漏。

同样,如果发生了你无法控制的事情,但只要你觉得自己现在能更好地应对,那它就不太可能对你的论文造成严重的负面影响,这主要是因为相应的结构已经搭好了。还是那句话,如果你和导师一起考察你对原定计划的偏离,看看这种偏离是否会从根本上削弱结论的说服力,那么你就展现了一种"反思—承认—学习"的态度,它体现了博士研究生成长的精义。再援用一下"水密性"的说法,你的论文或许出现了一个会导致渗漏的"裂缝",但由于整体结构足够坚固,这艘"船"不太可能出现大问题。

结　语

因此,博士论文的方法论部分是连接全文前半部分和后半部分的重要"桥梁",因为前面有关研究问题的讨论只有借助方法论的考量才能"运转"起来,从而得到研究论据和全文结论。因此,不管论文属于哪个学科,方法论都是其中必不可少的一部分,而导论和论据之间这座坚固而有力的"桥",能让读者和评阅人进一步感到全文结构的严谨性。现在,我们可以来谈谈如何对论据进行分析和讨论了。

第九章
结论部分的写法

引　言

之前的两章概说了在导论、文献综述、方法论部分呈现清晰缜密的结构的重要性——这一要求对后面的几章而言更为重要，因为它们最集中地体现了博士论文的"目的论"（或曰"目的导向"）性质。从结构上看，论文在构思之初就已经确定了这些章节是用来回答核心的研究主问题（MRQ）的：在这几章中，你要描述所有实证研究的结果，根据对前面的文献研究子问题（RSQ）的回答，就你的发现进行令人信服的论述，最后再详细说明你的结论并给出相关建议。

简而言之，本章认为论文的后几章最好这么写：

- 呈现研究结果的方式要能体现你是从这些结果中得出相应 RSQ 的具体解答的。
- 把这些有关 RSQ 的回答概括起来，就成了对 MRQ 的解答。

所以，需要特别强调的是，采用本书的方法来写的论文会注重回答一个主要的研究问题，而这个问题又是通过进一步拆解为子问题来回答的。因此，如果你已经收集好了能回答 RSQ 的论据，那么你也就能回答 MRQ 了——这套逻辑也指明了论文最后几章的重心和结构，因为这样做能让评阅人非常清楚地看到你是如何在增强论文严密性的同时为全文作结的。

由此，本章会先讲研究结果的呈现，再讲研究结果的讨论，最后详细描述如何得出最终的结论和建议。

事先的提醒

在正式开始之前，我们有必要指出，论文的最后几章应该是博士生们最想仓促了事的部分：眼看论文就要写完了，人也很累了，只想快点结束。但是，在这一部分仓促行事或论述不周，会严重削弱最终结论的说服力，进而影响整篇论文的质量。所以永远不要只满足于你的初稿。当你写完 RSQ 和 MRQ 的解答之后，先休息一下，然后再仔细看看你对每个 RSQ 和 MRQ 的回答以及这些回答之间的联系，如有必要就对有问题的部分进行修改。之后不妨把文稿搁置一两天，再用全新的眼光重新审读，看看整体情况如何，如有必要再作进一步的修改。

我们先一起来看看你的研究结果该如何呈现。

研究结果部分的结构安排

论据收集完之后就要着手分析了。虽然实证数据的具体分析过程不在本书的讨论范围之内，但是能在这方面给予研究生们有效指引的教科书（如 Miles and Huberman，1994，Field，2005）不在少数。对于实证性论文和非实证性论文来说，关键的问题都是如何组织呈现研究结果，你需要问问自己：我该如何把这一章写得连贯而有条理？这是个让很多博士生不知所措的头疼问题。先讲一个真实的故事，曾经有个勤奋但不善于思考的学生跑到我们办公室汇报，说他已经分析完了数据，打算推一辆购物车来装约有 8令纸①的打印稿！所以首先要指出的一点是，收集结果和分析结果是两码事。要把收集到的所有结果都囊括在内基本上是不可能的——对分析而言，重要的不是在论文中简单再现已经收集到的论据，而是从所收集的大量材料中挑选出合适的部分。

---

① “令”（ream）为纸张计量单位，印刷用纸以 500 张全张纸为 1 令，1 张全张纸两面印刷后为 2 个印张。——译者注

但是该如何进行挑选呢？这是一个令许多博士生犯愁的大难题。如果不采取任何具体的策略，论文的这个关键部分（亦即回答 MRQ 的部分）就会毫无条理和结构可言，而只是在某些细节或其他无关紧要的问题上东拉西扯。我们前面已经说过，评阅人需要看到清晰的论点表述，要是在这种关键的地方掉链子，那该多令人遗憾。

如前所述，要解决这类问题，就必须让材料的挑选、结果的呈现跟着你的研究子问题走——你之前已经根据它们检查了涉及文献和语境的部分，也根据它们敲定了研究手段，现在该用这些 RSQ 把真正重要的、能在这一部分帮你有效解决问题的论据挑出来了。我们再进一步谈谈如何做到这一点。

先来说说对 RSQ 的回答如何有效地转化为对研究问题的回答。一名科威特博士阿尔哈特拉尼（Alhatlani，2018）的研究就是一个很好的例子，他研究的是无国籍人士的处境。他提出了这样一个研究子问题：

科威特人中有代表性的样本群体如何看待贝都因人（the Bidoun）的教育问题？

"贝都因"（Bidoun）是科威特特有的对无国籍人士的称呼，阿尔哈特拉尼由此入手设计了一份详细的访谈问题提纲，让他能够通过采访科威特人中就此问题持不同观点的代表性人群，收集到非常具体的论据。他设计的第一个问题就是请受访者谈谈自己对"Bidoun"一词的理解,然后再问他们对这种处境的理解是如何形成的。在描述论据的时候,他特地用那份源于 RSQ 的访谈问题提纲来编排论文这一部分的结构:在本例中,RSQ 提示了访谈提纲的性质,访谈数据又是根据访谈提纲的顺序收集起来从而回答 RSQ 的。阿尔哈特拉尼在处理复杂数据过程中的出色表现,得到了答辩评审组专家的一致好评。

第二个例子来自赛义德·阿尔布哈伊利博士(Saeed Albuhairi,2015),它更完整地展现了这一编排过程。赛义德的论文有两个 MRQ:

在沙特阿拉伯,推行合作学习的先决条件的成熟度如何?

推行过程中会出现哪些挑战和促进性因素?

由这两个 MRQ 可以得到下列 RSQ:

- 什么是"合作学习"?
- 已有的研究文献对推行合作学习的先决条件有哪些说法?
- 在沙特文化语境下,这些先决条件的成熟度如何?
- 推行合作学习会面临哪些挑战?
- 哪些促进性因素有助于合作学习的推行?
- 调查这些问题的最佳方法是什么?

能指导具体实证研究的 RSQ 有：

- 在沙特文化语境下，这些先决条件的成熟度如何？
- 推行合作学习会面临哪些挑战？
- 哪些促进性因素有助于合作学习的推行？

　　和阿尔哈特拉尼（2018）一样，赛义德也利用访谈提纲来串联受访者的回答。他知道提问对象可分为三组，要为三个 RSQ 提供论据，于是就把研究结果呈现为各组人员对各个问题的回应——既然论据的收集是以 RSQ 为线索的，那么上述结果就构成了对 RSQ 的回答，而这些回答又进一步构成了对 MRQ 的解答。实证性论文需要收集大量的数据来回答 RSQ，非实证性论文虽然不需要这种数据，但也要在后面的这几章进行概念辨析、观点论证，提出新的想法和认识——因此这两类论文要呈现和讨论的内容都不少。

　　在这一部分的最后，你应该对各种研究结果作一个简短的回顾总结，告诉读者你认为从这些论据中可以概括出哪些主要特征。如果你能在呈现研究结果的同时指出一些体现关键趋势的重要细节，这将对你和你的读者都大有帮助。我们最好将实证性论文中的数据（或非实证性论文中的论据）视为"囊中之物"，因为它们容易看、容易提取也容易记住——不过在进入下一部分之前，它们仍然都属于只能反映某些特征的论据。另外要提醒的是，给这一部分的论据加些注释也能让读者更有兴致读下去，因为假如他们读的全是没完没了的数据,那么哪怕结构安排得再好也会乏味得让人看不进去,你总不希望你的评阅人读得兴味索然吧。

最后一个也是很重要的一个问题:应该用几个章节来呈现这些研究结果? 这里没有固定的规则——有的论文可能只需要一章,有的论文可能需要两章甚至三章——但必须考虑的是怎样才能让读者更好地理解你的研究结果。例如,假如研究中的数据来自一项大型调查及一系列后续访谈,那么最好用两章予以呈现,每种数据各一章;假如是来自三组样本的大量访谈数据,那么最好把它们呈现为三个独立的章节,而不要把很长(可能也很难读)的一大章塞给评阅人。同样的道理也适用于非实证性论文:要看不同类型的论据和论证到底是放在同一章里更好,还是分成几章来处理更好——这归根结底取决于每个人对自己那篇论文的判断。

你可能已经注意到了,我们没有在这一部分的写作建议中提到与文献综述的联系——这是经过慎重考虑的。研究结果部分的内容应该仅限于论据的分析与呈现,以及一些粗略的初步讨论。至于这些结果和你之前探讨文献和语境的部分有何关联,最好留到结果讨论的部分去说,这也就是我们接下来要讲的内容。

结果讨论的部分

对于某些博士生来说,这可能是最难写的一章——其难点在于,大家往往都知道在这里不该只是重复研究结果部分的内容,但还是不清楚怎么才能写得不一样。在结果讨论的部分中总会出现一些论据的重复和重述,但这只是为了提醒读者即将讨论的内容是什么,而这一部分的主要作用是通过对论据的重新整合,让读者明白怎么用前面的数据或概念分析来回答全文的关键问题——先是那些RSQ,再是那个MRQ。

这种重新整合的创见一部分来源于对论据本身的分析和讨论,一部分来源于以先前的文献类RSQ为线索而对这些新论据所作的考察。新的数据或论证不仅能让你在已有文献的基础上有所推进,还能让你找到新的方法来应对研究的核心问题。这样一来,你就开始从本学科的研究生转变成学术圈中真正的贡献者和专家了。

于是,要对研究子问题所作的回答就使这一重要章节的构思有了一个明确且合理的基础。但这一部分的写作也有点像前面提到的把箱包拎上火车——要决定先做什么绝非易事。对于这个问题,一个不错的解决办法就是在写下任何东西之前先把它说出来,因为很多人发现说话比写作更能打开他们的思维,更容易把事情解释清楚。所以不妨再请你的那位朋友喝杯咖啡,把你的RSQ列给对方看,然后说说你觉得自己的论据是怎样为每个RSQ提供解答的——这时候最好能用手机录个音,这样就能把你讲的最有说服力的片段记录下来。接着再仔细谈谈每个研究子问题的解答,尤其要注意的是,你在讲述的过程中一定要用支持性论据说明相关解答的合理性。请鼓励你的朋友在你讲述的过程当中盘根究底,提出任何能让这场谈话变得更像对话而非独白的补充性问题。不要怕,被问住了的话就跟对方说:"我能再试一次吗?"正如"咖啡馆问答"那样,调整回答的措辞可以(而且通常也确实可以)让听者和讲者都理解得更清楚、更明白。

谈话结束后,请回放对话录音,记下每个研究子问题的解答中的关键点。要特别留心你朋友提出的批评意见,比如:

> 这似乎跟你最初的说法不一致。
>
> 你到底能拿出什么证据来支持这种解答?
>
> 我不知道为什么你觉得自己能凭借这些论据质疑那个观点。

你还需要关注你对上述问题的回答质量,想想这些回答是否足够好。当你了解了自己对所有 RSQ 的具体回答及其理由,你也就知道结果讨论部分的骨架长什么样了。

那么现在你就可以这样来写这一部分:把研究子问题拟为小标题,再依次写出对它们的解答。但不要只回答那些实证类 RSQ,而要在每个问题的讨论中适当穿插有关文献类 RSQ 的内容,这样一来你就能展现你的研究结果对该领域现有文献的创新性突破。不过不要忘了,虽然你援引的内容来自前面文献综述的部分,但它们在这里必须要为结果讨论部分的核心议题（亦即回答结果类 RSQ）服务——简言之，虽然这里的核心任务是回答结果类 RSQ，但要用对文献类 RSQ 的解答来说明你的综合创新成果。

当你做完这些之后，你应该可以试着给主要研究问题一个解答了。现在，你已经为全文的最后一章做好准备了。

结论和建议的部分

结　论

就像导论部分一样，这也应该是思路清晰、条理分明、言简意赅的一章。你首先要做的是再把所有 RSQ 的回答从头到尾过一遍：你要让读者想起上一章中你对各个 RSQ 的总结，但在这里只需要对它们作简短概述。同样，切记不要有太多重复的话——重复只是为了让读者想起之前讨论过、总结过的内容，而这一部分的主要作用是对所有 RSQ 的回答进行整合，形成对 MRQ 的解答。

为避免不必要的重复，你最好再读一读前几章中与 RSQ 的回答相关的内容，然后不看这些内容，为每个回答重新写个概要。写完这些概要后，你最好再回看前几章的内容，把佐证这些回答的论据所在的页码标上去。这就是你的评阅人想在这里看到的全部信息。既然没有过多的重复内容，评阅人看到的就是你对研究结果的概述，而这也表明你已经可以把所有 RSQ 的回答压缩到能回答 MRQ（这也是最后一步）的程度了。

　　所以，在你写完每个 RSQ 的回答概要后，不妨找个时间和你的朋友再进行最后一场"问答交锋"——这次要记录的是围绕主要研究问题的回答而展开的对话。这可能是你第一次试着汇总、整合所有 RSQ 的回答，因而在你得到满意的答案之前难免要作一些重述和说明。但同样，你最好能暂时撇开文中的证据，试着阐明在你看来 MRQ 的回答究竟是什么。既然现在你对所有 RSQ 的回答已经把握得很到位了，那么你应该也能将它们转化为对 MRQ 的明确回答。由此，你就能借助这场对话的录音把你对 MRQ 的回答写下来了。

　　我们来总结一下这个过程，你要做以下几件事：

- 对相关 RSQ（文献类、概念类、实证类）作出完整的回答，这些内容在前面都出现过；
- 写出这些回答的概要并把它们放在这一章的开头；
- 先用口述的方式将它们整合为对 MRQ 的回答，再把它写下来。

　　既然已经到了这一步，那么不妨再讲讲你对 MRQ 的这一回答的创新之处。你可能已经在前文中指出过这一点，在那里你描述了这一研究领域的空白或有待解决的问题。但是在这里，也就是在结论部分陈述论文的创新见解——无论是在该领域专业知识、理论见解、研究方法上的贡献，还是对政策和实践的影响——则是为了让读者明确看到整个研究工作的最大亮点和原创之处。

建 议

人们总是希望博士生能根据自己的研究提出建议,这些建议常常指向不同的群体——他们可能是政策制定者、学界同行,也可能是相关专业领域的从业人员。不仅如此,评阅人也希望看到一些关于进一步研究的建议,因为优秀的学术研究总有一个看似矛盾的特点:它提出的问题往往和它解决的问题一样多。博士阶段的研究很可能会让你看到开展其他研究的必要性,因此博士论文的结束在很大程度上就是之后研究生涯的开始。在这里用一个表格来罗列、论证你的建议会很有帮助,因为它迫使你在其中一栏列出所有建议的具体内容,然后在另一栏写出支持每个建议的证据在论文中的具体出处。表格有可能长成这样:

我的建议	它的证据可以在这里找到……

当你填完左边一栏的时候,要确保自己也能填满右边一栏——任何你无法提供证据支持的建议都不是"建议",而只是"愿望清单"里的一项。

最后,你应该想一想:假如有机会重来一次,你会在哪些地方做得更好? 在从构思到答辩的整个研究过程中,你吸取了哪些经验教训？这些内容都要认真地写、认真地改，因为你提建议的时候也会一不小心犯同样的错误。

大功告成？还差一口气
——收工前要排查的 20 种结构性漏洞

在你准备停笔交论文之前，最好对论文结构方面的主要问题进行全盘考察，看看有没有做到"滴水不漏"。我们在下面列出了 20 种潜在的结构性缺陷，或曰"漏洞"——把它们放在本章的最后并不代表你要把这些问题留到博士研究的最后阶段。如果正在读这本书的你仍是中低年级的博士生，那它们正是你要时时反顾、不断加深理解的问题。这里可能还有一些你从没见过的问题，但我们建议你这样想：就算论文写作还没进行到相应的阶段，你依然可以想想在推进过程中会遇到哪些结构性问题，然后提前开始考虑如何规避它们。以下就是 20 种潜在的结构性漏洞，以及它们会对论文造成负面影响的理由：

1 **你是研究本文主题的合适人选吗？** 如果你的理由不够充分，那可能就无法获得某些关键信息，导致论文谋篇不合理、研究成果达不到博士的水平。

2 **你的论文标题是否恰当？** 如果措辞不当（或没有根据正文的变化作相应调整），那么它就无法体现论文结构或相关证据的用意。

3 你是否已经想好(并将继续认真思考)如何安排论文研究的时间? 不积极主动地去协调学术、社交、家庭等各方面的关系,你的论文进度可能会受到严重的影响。

4 你是否已经想好(并将继续认真思考)如何在论文写作的各个时期安排适当的学术活动? 如果没有,那你可能会没有足够的时间稳扎稳打地写完论文。

5 你是否认真想过(并将继续认真思考)如何分配论文各章节的字数? 如果没有,那你可能会写出一篇各章节比例失调的"问题论文"。

6 你的导论部分是否简要地说明了你感兴趣的领域、你的研究重点、MRQ、衍生的 RSQ 以及这些 RSQ 与各章节的对应关系? 这一章对于全文结构至关重要,如果你没有这样做,那论文的进展就会大受阻滞。

7 你能在 40 秒之内跟一位陌生人解释清楚你的研究重点、MRQ,以及 RSQ 是如何由 MRQ 拆解而来的吗? 这对于你说明全文结构的合理性至关重要,如果你不相信自己能做到这一点,那评审者很可能认为你对论文结构的把握不到位。

8 MRQ 的措辞是否准确地描述了论文的主题? 如果表述失当,那么你的谋篇布局将无法体现中心问题及其相关证据的意义。

9 RSQ 的数量是不是通过拆解 MRQ 得到的? 如果不

是这样,那么你的 RSQ 将无法提供回答 MRQ 所需的确凿证据。

10 **这些 RSQ 的措辞是否准确地描述了它们各自要解决的问题?** 只要这些表述存在失当之处,对应的 RSQ 就无法提供解答 MRQ 相应部分所需的证据。

11 **你是否区分了文献/语境/概念类 RSQ、方法类 RSQ、结果类 RSQ?** 所有这些对谋篇布局而言都必不可少,如果没有作出区分,就有可能导致严重的结构问题。

12 **在文献/语境/概念述评部分,你是否选择了合适的材料来有针对性地考察 MRQ?** 如果选了不该选的或漏了不该漏的,那你提供的信息可能是错误的或不足以理解 MRQ 的。

13 **你是否说明了文献/语境/概念的述评对研究结果有何影响?** 如果没有,你可能就看不到前文内容和研究结果之间相得益彰的关系,从而错失重要洞见而未能予以探究。

14 **论文中描述、分析、综合等手段的运用是否比例协调?** 如果比例失调,特别是如果没有足够的分析和综合,那么你可能没有给出博士论文中必须要有的那种概念和信息。

15 **你选择的那些方法是否适用于处理你需要的那些论据?** 如果不适用,那么这些方法将无法得出回答 MRQ 所需的论据,进而从根本上影响整个研究过程。

16 **你是否说明了你认为你的研究结果在认识论上有多"客观"？** 在这一点上不予说明会严重削弱你由研究结果所得出的推论。

17 **你的推论是否如实反映了研究结果的特性？** 如果你对研究结果引申过度或引申不足，那么论述中的前后不一就会非常明显。

18 **你的推论是否如实反映了样本的基本特征？** 如果你对由样本研究得来的结果引申过度或引申不足，那就说明你对抽样技术的性质和作用存在误解。

19 **你是否指出了研究成果的创新之处，或说明了论文对已有研究的贡献所在？** 如果没有，那你可能会看不到自己的研究和学科研究现状之间的联系，因而也就看不到这方面的意义。

20 **你根据研究结果所作的论断有没有忠实地反映研究结果的性质？** 如果没有，那你可能会被指责对研究结果的性质理解不到位。

论文的最后一页

在本书的开头，我们说过不喜欢在博士论文中看到"我"这个字。你可以说这种写法"过时"了，但更重要的是，你要用文字表达出你能将个人感受和研究工作明确区分开来。太多的"我"意味着（至少我们这么认为）论文作者的个人立场过于鲜明。尽管如此,我们依然建议你在论文的开头说说你是谁、为什么你适合做这项研究以及你为什么要做这项研究——你得讲讲你是如何成长为一名研究者的,那这就是个讲故事的好地方。另一个可以讲故事的地方是论文的结尾,你可以在这个"尾声"部分谈谈你在整个过程中学到了什么、这项研究对你而言有何重要意义。在此,我们想用罗布·肯尼特(Rob Kennett)博士的论文结语(Kennett, 2009)为本章作结,其论文的主要内容是为警务人员提供更有效的自杀干预技术。从理论上讲,这一小节应该放在"20 大漏洞"之前,但我们认为用它来结束本章会更好——这页文字很好地展现了罗布从博士求学生涯中获得的教益。

最后,这段经历让我想起我当初为什么要参军。30 多年前,为拯救他人的生命、捍卫祖国的法律,我选择参军入伍。我始终致力于用谈判技术来挽救他人的生命。我救过许多人,而这项研究更是让我深刻地认识到这项工作是无价的。可以说,这项研究的成果直接帮助我挽救了两条生命,而那是换作之前的我绝不可能做到的。让我印象尤为深刻的是一个站在高高的窗台上的年轻人:当时在简单的攀谈过后,我察觉到他去意已决——那一刻我忽然想起了施特伦茨的话(Strentz, 2006),随即把谈话重点放在了"遗憾"上,因为生命一旦结束,任何其他的选择、机会和经历都将不复可能。我的研究最终挽救了他的生命。对我来说，事实已然证明从事这项艰辛的学术工作是值得的，因为它的成果已经并将继续拯救无数人。

第三部分
完成之后

第十章
评阅人对结构清晰性的需求

引言：评阅人的重要性

在论文写作的每个环节，我们都提到了外审意见的重要性。外审专家并非凶悍苛刻之人，他们大多是思虑周到、勤勉细致且相当友善的人——然而，你只有达到他们的要求才能获得博士学位，所以他们确实起着至关重要的作用。因此，成功的关键就在于知道评阅人想在论文中看到什么，同时，良好的结构布局也能俘获他们的心，因为这不仅表明你知道自己在干什么，而且大大减轻了评阅人的工作量。你肯定不希望自己的论文把评阅人弄得心烦意乱。

在同博士生的前期面谈中，我们通常会先给他们讲一些类似下面这样的论文评阅人的故事，再问他们几个问题：

你的评阅人已经收到了你的论文。他们有很多其他的工作要做,为了妥善完成手头的所有任务,他们不得不留出好几天来读你的论文。他们虽然很熟悉论文所涉及的专业领域,但你的写法实在激不起他们的兴趣。一整天的雨淋得他们双脚透湿,回到家已经是晚上七点半了——他们非常疲惫,晚饭也在烤炉里放了很久了。他们知道今晚得读几章你的论文,但说实话,他们宁可蜷缩在电视机前看几集喜欢的连续剧然后去睡觉。

接着我们就会问学生这样几个问题:

- 假如他们今晚要读你的论文,你必须确保自己的论文中**不**出现哪些状况?
- 哪些事情是你应该尽可能确保自己**要**做到的?

我们在第三章中已经提到过一些这方面的内容了,但这里还想再多说几句。你在写博士论文的过程中是不可能不犯错的——因此我们的学生会在各个阶段听到我们警告说"如果我是外审专家,我读到这里会……",因为我们都做过外审专家,也很清楚大多数人会怎么想,毕竟我们自己就曾多次面临他们的处境。有一件事我们很清楚:如果你给评阅人的阅读工作徒增负担,那么他们就不会给你好脸色看。

评阅人的需求：三个问题

首先要说的是，你是在为你的读者而不是在为你自己写作——这不是什么惊人的内幕，但奇怪的是即使是写作老手也时常会忘记这一点：除非你写的是私人日记，不然从一开始就得考虑读者以及他们的需求，写论文的时候便是如此。这里有几个很重要的问题。

第一个问题是：

• 你写的东西是否清晰易懂？

请阅读以下文段并自问——你觉得评阅人读到这样的文字会作何感想？

事实上，我们可以从福柯式策略性倒转的角度，把辩证的批判实在论（dialectical critical realism）看成对巴门尼德/柏拉图式亚里士多德主义起源处的邪恶三巨头的倒转，对笛卡尔-洛克-休谟-康德主义范式的倒转，对新老基础主义（实际上就是信仰主义的基础主义）和非理性主义（实际上就是对权力意志或其他某些思想上或心理上的隐秘根源的反复无常的操练）的倒转，对西方哲学的根本缺陷即本体论的单一性（ontological monovalence）和与之相伴的认知谬误（epistemic fallacy)及其实体的双重性的倒转,对柏拉图确立的分析性疑难——黑格尔只是用它在变形、谐和的辩证关系中如法炮制他的现实主义的单一的分析性复述,尽管他自负的绝对观念论主张为孔德主义、克尔凯郭尔主义、尼采主义对理性的反动开辟了道路,经由向鲍德里亚的超观念论演变的路径重制了实证主义的基础——的倒转。[①] (Bhaskar,1996)

上面这段话,我们自己大概读了三四行就晕头转向了(这已经是多次尝试后的结果了)。友好地提醒一下:假如你写的句子术语连篇、矫揉造作、没完没了,那么你的导师没准还会大发慈悲地通读一遍然后在旁边写上"能请你再写得清楚一点吗?",但你的评阅人(尤其是如果他们刚费劲地吃完一顿难吃的晚饭)很可能就会用铅笔划线批注"难以卒读",然后在评阅书(他们几乎都得写这种"过程性评价")中指出你最好重写这一部分。在一些将答辩视为重要评审环节的国家,评审者还会在相应的位置做上标记,要求你做出更明确的解释:就算你能解释清楚,他们依旧有可能让你

---

① 这段文字出自印度裔英国科学哲学家罗伊·巴斯卡(Roy Bhaskar)的《柏拉图等:哲学问题及其解决》(*Plato etc.: The Problems of Philosophy and Their Resolution*),这个长达 139 词的句子曾在 1996 年的"年度烂句大赛"(The Bad Writing Contest)中获奖。"年度烂句大赛"由学术期刊《哲学与文学》(*Philosophy and Literature*)主办,其获奖者为每年写出最臭名昭著的长难句的学者。原文引述有些许排印错误,此处译文结合巴斯卡原著第 2 版(Routledge, 2009, p. 163)译出。——译者注

重写，但如果你解释不清楚，他们对你的评价就会更差——当然，他们还会检查论文是否涉嫌抄袭。如果像这样的句子不止一两个，而是遍布全篇，那么评审者就不会请你一一解释了——他们大概率会把此类句子悉数标出，然后要求论文大改。

在上面这个例子中，论文评阅人会对你无视他或她的需求而感到不满，他（她）不清楚你到底在说什么，但又不认为自己是因为太愚笨而看不懂——对于博士候选人而言，这种处境相当危险。因此，博士论文写作的两大要领就是把话写清楚、认真思考怎样才能让读者明白你的意思。

由此便引出了第二个问题。为读者着想不仅意味着写作清晰严谨，还要恰到好处地提醒读者前面写了什么内容。这就又回到了刚才的话题——你得对评阅人的日常生活有所了解。有的评阅人可能除了读你的论文之外没什么别的事要做，但绝大多数评阅人（就像上面例子中提到的那样）都很勤劳，由于有其他的工作要做，他们可能会分好几天来读你的论文：比如，星期一早上看几章，星期二下午再看几章，星期四上午和星期五下午把剩余的部分看完，然后在星期六上午整理一下思路、写出初评报告，如果有答辩的环节，那么还要想想到时候该问哪些问题。

既然评阅人在读论文各章的过程中总还有其他事务要处理，那么这一周里他们可能会不断遇到"如何记住之前读过的内容"的问题。由此，第二个问题就成了：

• 你可以做些什么来让他们更好地记住前面读过的内容?

当然,你可以什么都不做——毕竟这不是必须的。但如前所述,评阅人总是很忙:比方说,如果他们星期一早上看完了第 2 章,然后参加了好几场会议、读了很多其他东西,直到星期二下午才再继续看你的论文,那么他们就得在开始看第 3 章之前回想起你在第 1、2 章中所写的内容。

其实你可以让他们更轻松一点。如果你在第 3 章开头不仅重提了全文的核心主旨,说明了第 1、2 章如何服务于这一主旨,而且进一步指出第 3 章(他们马上要读的章节)将处理下列议题或研究子问题(RSQ),它将有助于解决研究主问题(MRQ)的这一部分,因此在这一章中,你将先考察 a,再探讨 b 和 c,最后谈到 d——那么,你就已经为你的评阅人做了一些相当有用的事,比如:

i 你让他们回想起了论文的核心主旨;

ii 你让他们回想起了第 1 章和第 2 章是讲什么的,以及为什么它们对整篇论文很重要;

iii 你在第 3 章开头就让他们知道了为什么第 3 章的内容要放在第 1 章和第 2 章之后;

iv 你让他们知道了这一章要关注哪些问题、为什么要关注它们,以及据此这一章的结构将如何安排。

这样一来,评阅人的工作负担就轻了许多,在开始阅读这一章的剩余部分之前,他们可能会在心里默默地说一声"谢谢"。但如果你不这么做,而是让评阅人自己去弄清楚他们读的是什么、为什么要读它的话……这种做法相比之下有多没用,就不用我们多费口舌了吧? 在上述方面的不作为会让评阅人觉得,该博士候选人在写这一章时没有考虑到读者的感受,然后他们就会带着偏负面的态度来阅读这一部分——这种态度也可能会被带到之后的章节阅读中。同时,评阅人还会怀疑你的论文缺乏概括性和清晰性,因为你不懂得如何做到这两点。这自然也就会影响他们对你的能力所作的综合评价。

火车之旅还是神秘之旅?

下一个问题依然延续同样的主题,它要求你后退一步,从整体上看你的论文。这个问题之前就提过了,但由于它实在太重要,我们还需要对此做更深入的思考。这第三个问题是:

- 你的论文是一次火车之旅(读者清楚地知道经停站和终点站在什么地方,并且知道为什么要去这些地方),还是一次神秘之旅(读者要么得努力揣摩论文的目的和意图,要么只能坐等这种领悟从天而降)?

如今，有一些相当不错的作品是以"神秘之旅"的观念为基础的。最优秀的犯罪小说就常常采用这样的写法——作者故意戏弄读者，在设计大量混淆视听的情节的同时，留下有关凶手信息的蛛丝马迹。作为读者，你很可能会被这种写法所吸引，而你之所以会买犯罪小说，要么是因为你想看看自己能不能在作者揭晓最终真相之前找到凶手，要么只是想享受同作者游戏的乐趣，因为他们总在设法制造和操控各种假设。

然而，我们强烈建议你不要在论文中采用这种写法。评阅人读你的论文，不是为了从猜测结局、揣摩作者意图或体验阅读之乐中获得放松，他们的主要工作任务是评估你写作和研究的能力、搜集和调用论据的方法，以及看看你能否合理地组织论点、形成论文。如果你的评阅人读到了一篇语焉不详、须由他们自己弄清楚来龙去脉的论文，那么他们不仅会对你带给他们的额外工作量颇感不悦，而且还会严重质疑你的写作能力。

因此，用"火车之旅"的比喻来形容论文布局谋篇的过程会更恰当，因为它提示作者应该做这样一些有用的事：

- 身为作者，你应该对整个"旅行"作一个非常清晰的概述。
- 你应该清楚论文的"目的地"在哪，并知道为什么它是正确的"目的地"。
- 你应该清楚中途要在哪些地方停下，以便收集那些确保你去往正确"目的地"的材料。

- 你应该意识到，你的读者也需要知道上面这些信息。

在这种情况下，读者方可确信，你这位作者已经很清楚该怎样在整篇论文中向他们传达上述信息了。

那么对评阅人而言，做好上面这些事情相当于告诉他们：身为作者，你很清楚自己的思路是什么，知道自己是怎样规划以及为什么要这样规划整个"旅行"的，知道中途停下的那些地方是如何以及为何有助于前往最终"目的地"的。这里的重点在于，你实际上画出了一张"地图"，评阅人可以据此判断你在整个"旅行"中表现如何——清晰的思路和缜密的结构不仅能让他们更容易判断出论文的质量，也能让他们对你的能力更有信心。

误入歧途

上述做法非常有助于防范（或改正）"博士之旅"中的一个常见迷误——忍不住从"干道"岔到"支线"上去。用论文写作的术语来说，就是被一个次要论题分散了注意力，转而去关注一些无助于解决 MRQ 的材料。绝大多数研究者都有过这样的经历：我们先找到一个研究主题，然后就此展开文献阅读——到这里为止没什么问题；随后我们对某个特殊的方面产生了非常浓厚的兴趣，它开始占用我们大量的时间和精力；我们把我们能找到的一切有关它的东西都读了一遍,但在此过程中,我们开始忘记原先的重点,开始忽略其他方面的必读文献……如此一来,不仅整个研究的重心开始发生偏移,论文要达到的预定目标也逐渐被我们所遗忘。

在少数情况下,这类新的兴趣点可以顺理成章地改变整个研究的方向——毕竟,假如你无意中发现了一个能带来新见解、推动新实验的东西,而且即使再挑剔的目光都无法削弱它的前景,那么你找到的东西很可能相当重要。但改变研究方向需要深思熟虑,需要和同学、导师探讨这种做法可能带来的影响,这主要是因为,如果你决定改道而行,那么论文的其余部分很可能需要大改以适应新的研究重点和研究方向。

但遗憾的是,大多数情况下侧线或支线恰恰就是占用你宝贵时间的"死胡同"——你必须从中走出来,重新回到主干道上去。这会对时间和精力造成极大的浪费,尤其是在如今这样一个做研究和写论文都得争分夺秒(你、导师以及资助机构都概莫能外)的时代。

因此,你必须清楚你面前有哪些选择,而在多数情况下,最好的建议就是"如有疑虑,切勿冒险"。要弄清楚自己在做什么、为什么要这样做,这不仅对评阅人有用,而且对你自己更有用:如果你能明确地说出你的最终目标是什么、要达成该目标必须做什么,而且能将这个目标和"改道"后的目标进行比较,那么,你就更有可能意识到自己走的到底是不是死胡同。

"论文之旅"中的线性进程与非线性进程

不过,我们必须认识到,尽管"火车旅行"是个很好的比喻,但它并不完全贴切。在刚开始的时候,你可能会拟订论文的 MRQ、标题、RSQ、各章标题以及各章重点——这看起来像是一系列线性任务,但实际"旅行"中遇到的挑战会很不一样。你在写文献综述的时候可能会碰到一些之前没有考虑过的问题,因而需要对 RSQ 乃至 MRQ 进行调整,这样一来,适配 MRQ 的框架构想也会发生改变。如前所述,英国的博士学位授予标准(QAA, 2014)规定,博士生不仅要具备:

> 构思、规划、开展一个课题的综合能力,能在本学科前沿领域形成新知识、新应用或新见解。

而且,如果意外状况发生:

> 也能根据各种不可预见的情况随时调整原定计划。(着重号系作者所加)

因此,论文的结论可能会随着各 RSQ 的解决和各章节的写作而有所变化,同时,在写作的过程中你很可能也需要在一些计划之外的地方有所停留。虽然论文终稿呈现出来的样态基本上是一个渐次展开的线性结构,但它的实际完成过程则复杂得多,因为写作总是伴随着反复的推敲和修改。这也就是为什么我们不止一次地说,通常情况下导论恰恰才是你最后写完的部分——从你动笔到现在,情况早已发生了天翻地覆的变化,当初的导论可能没法再准确地概括已有的内容了。

但反复的修改跟不知道论文该写到哪儿、该如何收尾的情况有本质的区别。评审专家很清楚这种修改的必要性,所以你大可不必羞于承认自己在写作过程中所作的改动。在研究过程中有所成长、反复和变化是非常正常的(尽管从那些公开发表的学术文章中看不太出来),所有称职的评审者都希望看到你在这方面的成长——这也是他们用来判断你有没有在此过程中成长为一名研究者的重要标准。

因而身为导师,我们一直在努力促成这种成长。实际上,我们始终在尝试至少同时承担这样两个角色:一是起重要支持和指导作用的导师,二是最终决定博士论文成败的评审者。这也就是为什么我们给学生的反馈意见常以"如果我是这篇论文的评阅人,我可能会说……"开头。作为评阅人,我们希望论文作者能用一张清晰的"路线图"或"列车时刻表"告诉我们他们在做什么、要去哪里、为什么要去那里以及打算怎么去。

如果你时刻牢记评阅人的期望和要求,那么你就能写出一篇更有说服力的论文。而如果你还须经历一场正式的答辩,那么也能准备得更加充分——这就是下一章要讲的内容。

第十一章
为正式答辩做准备

引　言

有些国家不设置正式的论文答辩，因此这些国家的博士生可能会觉得自己没有必要读这一章。但如果你读这本书的时候正准备开始或才刚开始写论文，那么即使你最后不用参加答辩，这一章的内容依然很有用。就像我们讨论过中期答辩、论文评审以及评阅人的作用和特点，提前讨论一下正式答辩也能对各位博士生有所帮助，因为这能从另一个角度告诉他们评审者的主要关注点在哪儿。因此，不管你的评审者是只看论文本身，还是要结合答辩情况，还是书面作业、学位论文、正式答辩三者都看，本章都能帮助你做到有备而无患。

什么是答辩?

严格说来,答辩(viva)一词的全称是拉丁语"viva voce",其字面意思是"用活生生的声音"(with the living voice)。它常常被译作"口头"(by word of mouth),指的是正式论文提交后由评审专家组织开展的最终口试。它可以是在公共教室举行、允许听众提问的公开答辩会,也可以是仅有答辩人、评审组专家(通常设有一名主席)和导师列席的小型答辩会,视不同国家和学校的情况而定。但不同规模、形式、种类的答辩,其最终目的都是一致的:要求答辩人向其他学者展示论文的主要内容和观点,对所有可能引起误解的地方予以澄清,看看答辩人能否就论文的结构安排等给出充分的理由,能否针对评审组提出的意见为自己的论文辩护。因此,答辩不仅牵涉论文的书面写作能力,而且也对口头交际能力提出了要求,即要能在连贯地表述并捍卫某个论点时做到与他人有效互动。一些赞成设置论文答辩环节的人还认为,既然想获得一个如此受人尊敬的学位,博士生就必须要能通过书面和口头两个层面的表达能力来证明自己的价值。

正式答辩的一般程序

同样,论文答辩的基本程序也因文化而异,但一般情况下它包括正式的情况介绍、向答辩人简要说明答辩会议程、其他会务（茶歇、短暂的休息等），然后是现场问答环节。问答环节通常从平易的导入性问题（你为什么要从事该领域的研究？你个人从攻读博士学位的过程中收获了什么？）开始，接着由评审组专家提出一系列问题：毫无疑问，他们会从导论部分问起，再就文献综述和方法论部分提问，然后问及研究的具体实施情况，接着再就研究结果和最终结论提问，最后讨论一下文中提出的建议和未来的研究方向。

评审组专家基本上是按照论文的结构来提问的，但每一部分到底要问多少问题，这取决于有多少地方在他们看来是成问题的、需要进一步解释的。他们可能也会就他们特别感兴趣的方面提问——你可能在论文中引用过他们的话，因而知道这些问题"出自"何处，但如果不是的话，那么你最好事先了解一下他们的学术背景和个人兴趣。

提完问题之后，他们一般会问你还有没有什么想说的，对之前的回答还有没有什么想要进一步澄清的，以及你还有没有什么问题想问他们。说完这些之后，他们会请你暂时离场，然后开始作决议。

这就是标准的答辩程序——我们将在这一章的最后再讨论决议的过程，现在，让我们先回到答辩之前的阶段，看看中期答辩所起到的作用，想想中期答辩时可能会被问到哪些问题。

中期答辩

我们在前面已经提到过,许多高校的规章制度中有哪些针对博士生的考核和评价要求,它们又如何起到中期答辩的作用——因为这些培养环节可以帮助你看到自己哪些方面做得不错、哪些地方仍需多加努力,或许还能给你提供相关建议。其中最典型的就是博士资格考评(通常在第一学年末进行),因为它会要求博士生提交一篇书面论文、一个学位论文提纲和一份研究工作计划。在上述考评环节中,你会被问到一些问题,它们会让你更清楚地意识到自己在哪些方面做得不错、在哪些方面还有待完善、之后可能会遇到哪些挑战。因此,整个博士培养过程中各种正式和非正式的考评活动都可以起到中期答辩的作用,你能从中收获良多。

"答辩大轮盘"

千万不要等到快要正式答辩的时候才试着去表述和回答相关的问题。我们经常和学生们做一个叫"答辩大轮盘"(viva roulette)的练习。这个游戏非常简单,适合所有年级的学生。我们一般会让三四个学生围着一张桌子坐,在他们面前放一副正面朝下的卡牌。我们先请其中一个人洗牌,再请另一个人取下最上面的那张翻到正面,把上面写的内容读给大家听。在游戏开始前我们会告诉他们,每张卡牌上都写有一个常见的答辩问题,他们必须尽己所能地给出回答,而其他同学听完之后要继续提问,请对方进一步说明或扩展。如框11.1所示,这些问题基本上是按照标准的论文结构来的——这就意味着,在第一学年即将结束的时候,绝大多数博士生应该都要能回答一些有关研究主问题、研究子问题、论文结构、文献综述、重要方法论、可行的研究方法的简单问题。不管怎样,只要卡牌上出现"玩家"暂时回答不了的问题,他们就得把那张牌放到牌堆底,然后再翻一张更好回答的牌来作答。这个练习的好处不仅在于锻炼口头作答能力,帮助大家更好地了解自己的想法,而且还营造了一种比较轻松的、可以练习如何应对常见问题及其后续问题的情境。此外,它还能让大家在博士学习的不同阶段进行答辩练习(以及听别人练习),观察自己的回答随着年级的升高有何变化。

"答辩大轮盘"问题

- 你为什么要从事这个领域的研究?
- 你个人从整个研究过程当中收获了什么?
- 你的主要研究问题是什么? 你为什么选择它?
- 你论文的主要论点是什么?
- 论文的原创性体现在哪里? 它对该领域的现有知识体系有何贡献?
- 你的研究有没有文化方面的独特性?
- 哪些特殊的语境增加了成果的原创性?
- 你的文献综述中最令人眼前一亮/感到惊奇的是什么?
- 你的文献综述给你的研究问题带来了怎样的影响?
- 你为什么要用你所采用的这些研究技术?
- 你如何确保它们的可靠性或可信度?

（续表）

> - 你觉得自己的研究成果有哪些优点和局限？
> - 假如时光可以倒流，你会在研究的哪些方面做得更好？
> - 你认为你的立场对你的研究有影响吗？
> - 你认为你的研究有哪些部分是可以发表的，为什么？
> - 你认为你的研究成果可以为政策制定者提供哪些建议？
> - 你认为你的研究为今后的研究开辟了哪些新的途径？

但以上问题只是、也只能是些最一般的答辩问题，它们不是、也不可能是那种针对某篇论文、某个学科而提出的问题。这种更具体的问题通常会这么提：

> 请把你的论文翻到第 53 页。你在这一页写道，……。那么，为什么……？

或者：

> 医学顾问的立场对你的研究方法……产生了怎样的影响？

预答辩

等论文完成并提交之后，我们还会组织学生开展"预答辩"[①]，因为这段时间需要为正式答辩做准备。所以，这种

---

① 原文为"模拟答辩"（mock vivas）。考虑到中国高校博士培养体系中的专门用语，此处对译为"预答辩"（顾名思义，即"预先答辩"或"答辩预演"）。——译者注

"模拟"(mock)答辩可能会在正式答辩前一周或前几天进行。或许有人会对这一做法持保留意见，特别是如果碰上了那种生性敏感内向、极易紧张焦虑的有神经质倾向的学生，但我们依然认为，只要处理得当，这种演练是非常有益的。我们将简述我们的做法，让你感受一下自己到时候可能会遇到什么样的情况。

我们一般会先让学生简单了解一下答辩的安排，比如答辩地点、基本程序、答辩主席和评审组成员的职责、导师的职责（这些内容我们接下来会用几页的篇幅详细介绍）。如果条件允许，我们会把他们带到届时举办答辩会的会场——这听起来无关紧要，但它也是个不必等到当天再熟悉的陌生元素，导师应尽力确保答辩当天学生能将全部的注意力集中到他们要回答的问题上。

在预答辩的前几天，我们会把"答辩大轮盘"的问题发给学生供他们参考，并告诉他们其中一些问题将出现在预答辩中。但在预答辩现场，我们也会穿插一些针对某篇论文提出的问题、以前一起讨论过的问题、正式答辩时可能会遇到的问题，因此练习回答这些问题会对他们大有帮助。我们还会提一两个"刁钻"的问题，这样他们就可以想想如果在真正的答辩中遇到此类问题该怎么办。

我们告诉他们，在预答辩中，我们将切换到评审模式，会像评审专家那样提问。不过我们也请他们放心，如果他们碰巧遇到了一个不知该如何回答的问题，或者如果有其他我们觉得有必要在当时（而非演练结束之后）说清楚的问题,那么我们就会从外审模式切回来,和他们一起讨论相关的问题。等到我们就解决办法达成一致、学生也觉得比较满意之后,我们会再切回评审模式,请他们再试一次。问完所有想问的问题(大概需要45分钟)之后,我们会停下来和他们聊聊整个预答辩的过程,这时学生可以问任何他们想问的问题。在某些特殊情况下,我们可能会提议(或者学生自己要求)再进行一次预答辩。这里需要判断的是,再演练一次究竟会让他们对正式答辩的准备工作更有信心,还是更没有信心。从我们的学生对这种预答辩的反馈来看,他们认为这种演练难度颇高,但极有帮助,能够很好地为正式答辩做准备。

应对刁钻的问题

前面提到,我们总会在预答辩的时候提一两个刁钻的问题,因为如果博士生在正式答辩之前没碰到过这种问题,那么一旦在答辩现场被接二连三地问到,就会影响他们在其余方面的表现。我们认为这类问题是学生们需要事先了解并充分讨论的,在这里,我们要说两个大家回答起来会有些困难的问题。

a 你论文的主要论点是什么?尽管这个问题不太好回答,但它常常在答辩刚开始的时候就被提出,因为它要求博士生回顾整个研究课题。然而,即使是经验

老到的答辩人也会觉得这个问题很难回答——它不只是在问"你的论文是谈什么的",因而仅仅回答下面这些话是不够的:

- 我的论文谈的是绝症治疗中的医护配合。
- 我的论文谈的是丹尼索瓦人的灭绝。
- 我的论文谈的是非指导性咨询(non-directive counselling)。

相反,这个问题考察的是答辩人能否说出论文的关注点以及论据对他们所研究的领域有什么影响和推进。所以更好的回答是:

- 本文认为,在 w 语境下收集的数据资料显示,医生和护士是从不同的专业视角来看待绝症患者的治疗的,如果能通过开展有针对性的培训来增进医护双方对彼此观点的了解,治疗效果将大有提升。
- 本文认为,在 m 语境下用 l、m、n 三项技术收集的数据资料显示,丹尼索瓦人在一系列极端气候事件中逐渐灭绝,气候变化削弱了当时存活者的力量,于是其他因素(尤其是来自智人的竞争)最终导致了他们的灭绝。
- 我在 y 语境下得到的论据表明,许多非指导性咨询其实带有很强的指导性,不过这种指导是通过

非言语的、不易觉察的方式实现的——在咨询师

的培训过程中,这一点必须引起学员的高度重视。

【练习】现在,你能说出自己论文的论点是什么了吗?
为了帮助你更好地描述,我们在这里给出了五个不完整的
句子,你可以将自己的答案填入其中:

- 在我所查阅的文献中,有许多证据表明_____。
- 我感兴趣的这个问题一直被人们所忽视,因为____。
- 因此,我使用了下列研究技术:_____。
- 我已经(想要)收集的证据可以帮助我确定(说明)

  _____。

- 这将对该领域的实践产生_____影响。

请保存一下你上面写的这些内容,以便之后进一步扩
充、整合对这一问题的回答。

b 第二个问题(如果有)一般会出现在答辩的最后:假
  如时光可以倒流,你会在研究的哪些方面做得更好?
  我们之前说过,你应该在论文最后几章的内容中体
  现这一方面的思考。但是,如果你当时没有想过这
  个问题,那就要小心了——你可能会在还没考虑清
  楚的时候轻率作答,因而说出一些对你毫无帮助的
  话。所以你最好停一下,喘口气,然后问一个类似于

下面这样的问题：

- 抱歉，能请您重复一下这个问题吗？
- 我没太听明白，能请您换一种问法吗？
- 您问这个问题的意思是不是说……？

请对方重复问题或换一种问法有两个好处：一是可以让你更好地理解对方的问题是什么，二是可以为你争取足够的时间来揣摩对方的用意、想想应该说多少话。如果你仔细考虑一下这个问题，就有可能得出以下结论：

- 这是一篇不错的论文，没有什么大问题。
- 评审组专家肯定想听点什么——哪怕我只是说一些证明自己有自我反思能力和自我批评能力的话。
- 那么在理想状况下，这篇论文还可以在哪些方面有所改进（但这不意味着论文本身有问题）？可能是这样一些方面：
  - 与文献研究或政策方针相关的某个方面还可以有所推进；
  - 可以再用一种（相对次要的）方法来进一步阐明已经得到三角互证的结论；
  - 可以在受访群体之外再增加一个利益相关群体的分组。

如果你的导师在预答辩的时候没有问过你这个问题，那么现在不妨好好讨论一下。

最后还有一点需要注意：如果答辩前夕你在自己的论文中发现了一处确定有误的内容该怎么办？这时候你该怎么做？同理，我们假定你论文写得很用心，因而对整个研究充满自信，那么这处错误很可能只是个无伤大雅的小错误。你会怎么做，是承认错误还是极力辩解？我们的看法很简单，承认错误就行了——为站不住脚的内容辩解是不会给评审专家留下好印象的。本书的其中一位作者就碰到过这种情况。他当时在答辩前把自己的论文翻来覆去读了好多遍，然后发现了一个明显的逻辑错误。他思索片刻后，决定到时候只要被问到就当场承认。于是当评审专家说"现在请你翻到第 128 页，这里写着……"时，他立刻承认了这个错误，然后他看着评审专家脸上失望的神情暗自窃喜，因为他只用一句话就救了场。

答辩过程中主席、评审组成员和导师的职责

说完了比较难应付的问题，现在我们再来看看答辩本身。同样，不同身份的与会者的职责在不同文化中也有很大差异。

总的来说，答辩主席（如果有的话）的职责是确保公平公正。他们一般不看论文，但会向答辩人说明答辩的具体安排，确保答辩有序进行——只要他们觉得出现了越界行

为,就有权作出裁定。根据我们的经验,答辩主席很少干预答辩过程,但一旦干预则意义非凡。他们还会密切关注答辩人的精神状态,其中最重要的就是详细记录所有的提问和回答,这样一来,假如会后答辩人对答辩的流程和决议提出申诉,他们就可以提供中立、权威的原始信息。

关于评审组专家我们之前已经说过很多了,在实际的答辩流程中,他们一般会先分别撰写评阅书,然后在答辩前碰头,就论文质量、个人关注点等问题交换意见。因此,他们会汇总各自想要问的问题,并将它们分摊到每个人头上,这就意味着,第一位评审专家问完一连串问题之后,第二位评审专家会接着再问一连串问题。

那导师呢?他们在答辩的时候要做什么呢?这就因文化而异了。在有些地方,答辩人有权决定自己的导师是否出席,如果可以的话,导师能在场自然是最好的,因为导师在答辩之前、答辩之中、宣读决议前的那段时间里都可以帮到答辩人。而当答辩人听到答辩决议的时候,他们通常已经疲惫不堪了,因而很可能漏听、误解或遗忘论文评语中的细节——这时候,几乎参与了全过程的导师就能告诉学生接下来该做什么,他们对答辩过程中的细节也记得更清楚。事实上,在和学生们谈到答辩过程的时候,我们会告诉他们,尽管我们通常会全程保持沉默,但会详实记录下所有的提问和回答,这样我们不仅能知道评审专家对具体回答的评价,还能知道他们是如何看待答辩人的整体表现的。

在评审组专家问完问题之后,答辩人可能会被允许重新回答那些他们觉得自己第一次答得不太好的问题，接着，答辩人可以向评审组成员自行提问——除非答辩人这时候有特别重要的话想说，否则最好保持沉默。如果答辩人没什么别的话要说了，答辩主席就会请答辩人和导师暂时离场，到另外一个房间等候，然后答辩主席和评审组成员开始进行答辩后的讨论。

答辩后的讨论和所有可能的评审结果

答辩主席将认真听取评审组成员的发言。答辩主席会事先拿到并阅读有关如何形成答辩决议的规范性文件，因而他们的任务是找出评审组成员在答辩结果方面的共识——它并不总是一目了然的，尽管有些评审小组的意见会高度统一，但实际情况不一定如此，评审组成员对答辩人现场表现的重视度和满意度可能会有所不同。同时，对答辩表现的评价还需要和对论文本身的评价相结合。虽然我们很理解答辩人在会场外焦急等待结果的心情，但答辩主席和评审组成员确实需要花一点时间才能形成最终的答辩决议。迅速作出决议通常意味着如下三种情况：

- 评审组成员一致认为论文和答辩的表现都很糟糕，直接不予通过。这是非常非常罕见的，如果该生在整个博士求学过程中的表现都很不错，而且和导师合作得很好，那么这种情况就几乎不可能发生。

- 评审组成员一致认为论文和答辩的表现都很出色，无需任何修改即可直接通过。这种情况不像前一种那么罕见，但确实也很少见：评审专家常常会说，哪怕是最好的论文，他们读完一遍也会发现一些需要修改的语法错误和拼写错误。但直接通过的情况确实会发生。

- 评审组成员对论文本身的看法比较一致，对答辩表现的看法也比较一致，而且他们结合两者所形成的评价也比较一致。这种情况时而发生，但即便如此，达成上述共识一般也需要花一点时间。

除了"直接不予通过"和"直接通过"之外还有其他的评审结果，虽然不同的国家有不同的表述，但基本上不外乎以下几种情况：

- 这是一篇非常好的论文，但仍有一些小地方需要修改，且应在学位授予仪式之前修改完毕。这相当于只给了一两个星期的修改时间。

- 这是一篇不错的论文，但仍有一些问题需要澄清或进一步论述，这相当于给了一两个月的修改时间。

- 这是一篇还不错的论文，但仍有一些问题需要澄清或进一步论述，而且在准予通过之前还需要把个别没说清楚的问题说清楚，这相当于给了四到六个月的修改时间。

- 这是一篇有望获得通过的论文,但它存在一些比较大的问题:除了那些需要澄清和扩充以及需要阅读更多资料的问题外,该生可能还需要重新检查论据,甚至要去再收集一些论据。这相当于给了十二个月左右的修改时间,修改完成后可能还要再进行一次答辩。
- 这篇论文虽然没有达到博士论文的水准,但也不至于无法通过。一种情况是直接授予硕士学位,另一种情况是在按要求修改之后方可授予硕士学位。
- 评审组成员无法就最终决议达成一致。这又是极为罕见的,因而可能需要重新聘请专家组成新的评审小组,再举行一次答辩。

评审组作出决议之后,会请答辩人和导师回到会场,向他们宣读结果——宣读人有可能是答辩主席,有可能是校外评审专家,也有可能是校内评审专家。与此同时,他们通常还会给出简短的理由,指出论文还有哪些地方需要修改。根据我们的经验,除了那个结果之外,其他内容答辩人通常会听得有些迷糊——他们可能前一天晚上没睡好,又因为这场答辩紧张了很久,还必须长时间保持一种严谨克制的思考状态,因而往往已经累得记不清所有细节了。不过不用担心,导师可以帮你听,他们有时候还能替学生问得更明白一些。除了这种口头的信息反馈,评审组还会在答辩后的几天内发给答辩人一份书面决议,其中详细描述了评审结果及其理由，以及进一步的修改建议。

答辩后的修改

答辩结束了，但导师的任务还远远没有结束——我们会和学生们一起等待那份书面报告。等拿到之后，我们会花点时间阅读并消化它的内容，然后再找机会和学生见个面。在这次面谈中，我们一般会建议按如下几个步骤来回复评审意见：

i 首先，导师和学生都要非常仔细地阅读评审报告及其中的要求。如果在具体表述的理解上有任何疑问，都要将它们反馈给评审小组请他们进一步解释说明。这一点至关重要——对每项要求的意思都必须彻底弄明白。原因很简单，如果大家对所有要求的理解都完全一致，而且之后的修改都严格按照要求来进行，那么就必须如期授予学位。我们必须从一开始就杜绝如下可能：论文修改提交后，评审组专家再返回意见说"不对，我当时的意思不是说 x，而是说 y"或者"我应该补充说明一下，你要做的是……"。

ii 仔细分析完报告之后，学生应该将报告的内容分解为接下来要做的事情。通常情况下报告会说明你要做哪些事情，但也会有例外，所以每位学生都要给自己列一张包含所有待办事项的完整清单。

iii 我们建议每位学生都画一张类似于表 11.1 的表格，在最左边一列写上报告中指出的需要解决的问题，再在中间一列写出这些问题的解决办法，然后在最右边一列写出你在哪一页（或哪几页）解决了相应的问题。

表 11.1　论文修改记录

要解决的问题	解决的办法	对应的页码
问题 1		
问题 2		
问题 3		
问题 4		

我们强烈建议你直接在第一列使用报告中的原词填空，而不要自行对它们作出解释。在第二列中，你应该详细描述用以处理这些问题的方法。在第三列中，请注意要写出所有涉及该问题解决的内容的所在页码。

iv 然后，我们建议每位博士生在某一页上处理相应的问题时，最好用醒目的颜色（我们比较喜欢用黄色）标出改动、修订或增补的内容，方便评审者迅速找到他们要看的地方。

v 一般情况下，身为导师，我们不仅要看学生关于待办事项的分析，以及他们根据这些分析所作的修改，而且还要查看那些经过修改的部分，由此了解这些修改对前后文内容所产生的影响。

vi 此外，如果在阅读修改稿的时候，导师或学生仍然不太确定自己是否真正理解了评审报告中的修改要求,那么他们最好再去找一位评审组成员(一般是校内评审专家)确认一下,看看现有的修改是否符合他们的要求。

vii 在所有这些问题解决之后,如果导师看了修改记录表,觉得之前指出的那些问题都已经得到了妥善的解决,那么就可以把整份定稿连同修改标记一起保存,然后把它们发给评审组专家,随附论文修改记录表一张——借助这些提示,评审者可以一目了然地看到我们所做的工作,并且很容易找到经过修改的地方。

如果你严格按照上述方法一步一步地仔细去做,那么应该很快就会收到评价良好的论文审查报告。现在是时候好好庆祝一番了:恭喜你获得了博士学位!

* * *

我们原本就打算写到这里为止了。但鉴于第三部分的标题是"完成之后",而且一旦庆祝活动结束(事实上很多时候是还没来得及开始庆祝),那些有抱负的学者就会希望自己的博士学位论文发挥更大的作用。博士论文显然是一个可以"产出"许多重要文章的"富矿",但这里的"产出"过程和写学位论文完全不同。因此,本书的最后一章将就如何撰写和发表你的第一篇文章提出相关建议。我们现在就来谈谈这个问题。

第十二章
撰写并发表你的第一篇文章

引　言

在上一章的最后，我们表达了这样一个想法：一本博士论文写作指南或许不应只写到答辩通过为止，而是应该以研究成果发表的指导建议作结。由于文章既可以在读博期间发表，也可以在博士毕业后发表，因此本章关注的重点是同行评议（peer-reviewed）下的学术文章撰写与发表。还需要说明的是，如果你本来就打算在一系列已发表的文章的基础上形成学位论文（一般是把它们整合起来），那么这一章应该会对你很有帮助。

如今，导师们通常会要求博士生们自行思考：从专业型博士的授课内容看，怎样才能让博士论文的某一章或其他优秀的文章获准发表？事实上，目前不少高校的论文评价标准中，都有一项会涉及博士研究的内容是否值得发表——如果不，那么要达到发表水平还需做些什么。因此，许多导师都会带着这个问题来阅读博士论文的各个章节。这好像是种不错的做法：对很多学生来说，博士论文只是迈向更高目标的台阶，而在学术期刊上发表文章才能有力地证明他们胜任教研岗位。需要补充的是，如果正式答辩前你论文的某一章或其他文章经修改后已发表或被录用，那么你完全可以（确切地说是最好）在论文中引用这篇发表了的文章。如此一来，评审组就会知道，这位博士生的论文质量已得到同行匿名评审的国际期刊审稿人的认可——这对评审专家来说是一个不错的提示！

和博士论文一样，文章也应该具有较高的学术水平，但它们确实存在一些差异：前者更像是学习掌握登山的技巧，后者则更像是为某本特定的杂志写短篇小说。

博士论文是学术研究经历的体现，也是科研探索之路的见证。本科毕业论文可视作你操练入门级攀登技能的小山丘，硕士论文则能把你带到登山基地营，而只有从大本营开始向山顶进发，你才能真正有效地应对博士阶段的挑战。一旦掌握了这种"登山"专业技术，再在导师的指点下反复操练，你就能逐渐积累起核心的"默会"（tacit）知识（Polanyi，1958）[①]和理

---

　　① 又译"隐性知识""内隐知识""缄默知识"，这一概念最早由英籍犹太裔哲学家迈克尔·波兰尼（Michael Polanyi）在《个人知识：朝向后批判哲学》（*Personal Knowledge：Towards a Post-Critical Philosophy*，1958）中提出，意指无法系统表述、只可意会不可言传的"未明言知识"，与"显性知识"（articulate knowledge）相对。——译者注

解,并由此知道别人会在哪里出错、你该如何帮助他们——这样,你就从"登山者"变成了"督导员",之后或许还会成为博士论文的评审者。

学术文章则完全是另一码事。学会写文章本质上就是学会为某本特定的杂志写短篇小说。尽管绝大多数博士论文都有一本书那么厚(3 至 10 万词),但文章(无论什么学科)的篇幅要短得多,因此写一篇好文章需要调动多种不同的技能。对文章写作而言,以下四个特质至关重要:吸引眼球(hook)、有所取舍(selection)、有的放矢(focus)、措辞精简(parsimony)。

我们从吸引眼球谈起——这里我们想说的是"怎样才能让读者有兴趣读且读得下去?"你最重要的读者将是期刊编辑(他们可能只看摘要)和审稿人(他们既看摘要又看正文)。他们从一开始就想知道三件事情:

1 这篇文章对本学科有何贡献?
2 这篇文章对本期刊有何贡献?
3 这篇文章写得足够吸引人吗?

在阅读过程中,上述三点考虑往往交织在一起:读者既希望文章能提出一个有意思的问题(它不仅对该学科有益而且符合办刊宗旨),又希望整篇文章写得通俗易懂。因而身为作者,你必须在文章开头体现出自己能达到这三项要求。你一上来就要指明有一个亟待解决的重要问题,并表示你会说明这个问题的解决办法以及它对相关领域的意义。接着，你要用头几百个词说清楚问题是什么、解决办法是什么，从而吸引读者往下看，直至读完全文。

做到这一点的有效方法之一，就是把摘要写下来拿给你的同学看。如果他们说"嗯，我确实很想读这篇文章，因为……"，那么你的大方向就是对的。如果你写的东西连你自己都提不起兴致，那你就得再试一次了。

除此之外的另一个内在特质就是有所取舍——尽管一篇博士论文里往往有不少可以写成文章的"精华"，但并不是所有这些都能塞进一篇期刊论文里的。有这样三种比较标准的形式：

- 在文献综述部分的基础上写成的文章，用以论证该领域的某一问题尚未引起学界的特别关注，而本文将予以探讨；
- 在部分实证数据的基础上写成的文章，用以展现这项研究为该领域某个备受学界关注的问题提供了哪些新材料；
- 写一篇文章来展现这项科研成果对该领域更大范围的政策制定有何重要意义。

但我们也不要过分强调学位论文和期刊论文的区别，因为文章的布局谋篇与博士论文部分章节的写作结构颇为相似：文献综述（或背景/语境概述）型的文章往往是从博士论文中抽取的某一章,其内容为选取该领域学者的主要观点进行评述,由此体现他们看待同一问题的不同方式;基于实证研究的文章则往往能说明博士论文的研究结果是如何处理现有研究中的错误或局限的。

重点明确。期刊论文所遵循的结构逻辑往往也和博士论文一样,但它们需要聚焦于博士论文的某一部分内容,不管是文献综述,还是某些研究结果的意义,还是由论文衍生的政策性提问。尽管一般说来,我们在解读某篇文章的实证结果时不能脱离其特定的研究语境,但文章的着眼点依然得是研究结果而非研究语境所带来的影响。也就是说,作者需要明确文章的重点,并确保全文的写作紧扣这一重点展开。

措辞精简。在写作文章的各部分时,作者也应尽力做到用词精简。举例来说,10万词的博士论文可以充分地探讨相关问题,但5万词的博士论文就没法这么"奢侈"了,这也就是为什么有时候篇幅短的博士论文比篇幅长的博士论文更难写。而文章的篇幅相比之下还要短得多,所以其实根本写不了多少内容——用词简洁、措辞精练应当成为你的座右铭。

合理安排文章的结构

就在谋篇布局上所下的功夫而言,写一篇文章起码相当于写一章博士论文。我们已经说过,写博士论文的各个章节时，最好不要直接从头开始往下写、写到哪里算哪里，写文章也是如此。我们知道确实有可以这样写的人，但他们往往是自己所在学科的专家——就像业内名师或国际象棋大师那样，他们对自身技艺的运用理解颇深，以至于几乎所有的行为和决断都像是凭直觉做出的。他们有着丰富的"默会知识"，即前面提到的波兰尼（1958）所说的那种知识，在旁观者看来，他们像是能直接跃下悬崖、一飞冲天。我们不建议那些刚开始写作的新手采用这种方法，因为悬崖下的沙滩上遍地都是急着试飞的"菜鸟"留下的拒稿或退稿。毫无疑问，我们推荐的方法还是整本书一直在讨论的那种"火车旅行"。一篇文章或一个章节基本上都会用这样一些字眼来开头：

　　　　"在这篇文章中，我将……"
　　　　"本文认为，……"

如果你这样写开头，那么就代表你已经想好了：

- 告诉读者你打算做哪些事；
- 告诉读者你将按什么顺序去做；
- 整篇文章都按这个顺序来写。

如果你做到了这一点，那么动笔前构思的时间和实际写作的时间可能差不多。接下来你就要：

- 在起始段中说明你打算做哪些事，并阐明文章中的材料和论点对所在学科领域的现有知识有何贡献以及为何有贡献；
- 解释你的方法为什么能得到你想要的研究结果；
- 说明引言部分提到的结论是如何从研究结果中得出的。

等你写作经验更加丰富之后，也许就能直接在脑海中整理论文思路，或者在写完起始段后，将余下的内容巧妙地引导到隐蔽的"轨道"上来——在大多数情况下，这样做确实能增强原有写作架构的艺术效果。但是，这种做法对于初学者而言风险极高。

制定具体的写作计划

可见，在开始写作之前，你应当对全文的论点和架构了然于胸。但是你还得好好想一想，自己到底该怎么去写这篇文章。如前所述，写期刊文章和写博士论文的过程很不一样，写文章更需要开门见山、吸引眼球，而且更需要有所取舍、明确重点、精简用词。不过，二者之间确实也存在着一些共通之处，其中比较明显的一点就是具体写作过程上的共性。

现如今，每个人都有不同程度的"写作困难"：其中一个极端是写作时看似毫不费力，初稿基本就是终稿，但遗憾的是这种人往往屈指可数;另一个极端则是写作时非常焦虑不安,觉得持续写作的痛苦程度与根管手术相当。但大多数人对自己的定位仍然在这两极之间——他们有时候会觉得很难,但通常还是会想方设法地写出一个完整的初稿,然后对自己的这份作品颇感满意。

第二点要说的是,我们不建议你采用那种强迫自己写作的方法。在我们看来,从侧面处理这个问题的效果要比正面解决好得多。人们已经想出了各种各样的办法来激励自己写作:

- 自我奖励——写完一千词,我就让自己喝一杯咖啡/吃一顿午饭/听一首歌……
- 合理自欺——从处理相对简单的任务(如校订前一天所写的内容)开始一天的工作,以便从字词修缮这种"半机械"的任务过渡到更需要创造力的环节;
- 和电脑"对话"——就你所写部分的论点或结构进行自我论辩;
- 口述下一部分的内容——一边来回踱步,一边告诉自己接下来要做什么(如有可能,不妨录下这些独白);
- 把要写的部分做成幻灯片演示文稿——然后再将你制作的幻灯片整理成书面文稿。

你自己可能还有其他的办法,但不管什么方法,只要有效就可以用起来。正如古乔内和韦林顿(Guccione & Wellington,2017,p. 45)谈到学位论文写作时所说的那样:"最好的激励因素是……对你有效的那一个。"这句话对写文章同样适用。

选择期刊和联系编辑

在选择期刊时,你需要考虑的是你要将什么级别的学术期刊作为首选目标。一般来说,期刊的级别越高,你的稿件就越有可能被拒,而且就算录用了,到见刊的时间间隔也会越久(尽管网络出版能改善这一状况)。从好的方面看,优秀的学术期刊都是同行匿名评审的,这意味着审稿人不会知道作者的身份,因而学历、职称的高低就不会成为文章质量评判的标准之一。

你最好还是在目标期刊上多做点功课。一般来说,如果某位作者的选题变成了其他人争相撰文的主题,期刊编辑就会非常高兴,因为这能使期刊保持良好的连续性和发展性。所以不妨回溯一下近三四年的往期刊物,看看上面都发表了些什么样的文章,然后问自己下面四个问题:

- 这些文章主要是定性研究、定量研究还是理论研究?
- 这本期刊是否服膺于某一特定学派或思潮?
- 这些文章聚焦的是本国问题还是国际问题?

• 这是不是一本专门研究某领域内特定问题的期刊?

对目标期刊有点"感觉"之后,你可以想一想自己的文章在多大程度上契合它的办刊宗旨。如果文章看起来很合适目标刊物,那么你可能已经为你的作品找到了一个好去处。但如果必须将重点和论点推倒重来、让文章本身面目全非才能契合办刊宗旨,那么你可能就得另找下家了。

如果你对这四个问题中的任何一个有疑问,那么不妨给编辑部发一封邮件,最好是打一个电话:他们不仅能为你答疑解惑,还能让你明白你是可以和这些编辑——这些在学术界身经百战的猛士——进行理性而深入的交流的,他们甚至还能给出建设性的建议,告诉你怎样才能使文章更符合期刊的要求。

选定最佳的投稿时间

在对自己的文章感到非常满意之后,你可能就想把它投出去了。毕竟,完成初稿意味着你已经克服了组织论点时的困难。你的文章也不乏能立刻吸引读者注意的"亮点"——对相关文献的熟稔,对现有知识的贡献,严谨不失趣味的文风,研究所得结论的意义,以及条理分明、表述清晰的写法。你已经迫不及待地要投稿了,对吗?

且慢。几乎可以肯定的是,要想写出一篇高质量的文章,你还得继续修改,要增加或删除一些内容,把整篇文稿再润色一遍——因此在正式提交之前可能还会有第二稿、第三稿。同时,你要对自己诚实一点:假如你读完自己的稿子,觉得有些部分写得还不够好,那么你基本可以确信,经验丰富的审稿人也能看出这一点,所以还得再下点功夫。如果你不这么做,那就是在降低自己文章的发表几率。

那么,如果上面的事都做完了,每一版稿子也都看了,该修改的地方也都改了,你对自己的文章也满意得不能再满意了,现在总可以投出去了吧?

很遗憾,还是不行。下面有一些对于有抱负的学者而言非常有用且中肯的建议——说出来可能有点意外,这些建议来自恐怖小说家斯蒂芬·金(Stephen King, 2000)。他在《写作这回事》(*On Writing*)中提议,只要你觉得自己写的东西足够好了,就该把它搁置一段时间,直到记不清其中的细节为止——然后再用全新的眼光重读一遍。这样的话,你保证会发现一些之前没有注意到的问题,那么这时候的校改就能大幅提升文章的质量。

但从斯蒂芬·金的观点看,这样改过一遍之后还是不能立马投稿,你还得把你写的东西拿给朋友和同行看。如果可以的话,我们建议你把文章发给这样几种能发挥不同作用的人看:

第一种是理解能力较强的非专业人士——他们会看着你的作品说"我完全没弄明白你这里在说什么……文章里缩略语太多了……这个句子太长了……",或者"你把这件事写得很有意思……你写得真流畅……"。他们是可以对论文的可读性(这其中也隐含着条理性)作出评价的人。

第二种是你所在领域的通才——他们虽然对你的学科只是有所了解而非十分熟悉,但却能将你的研究联系到这一学科内(甚至这一学科外)的其他领域,然后针对这些联系提问。在他们的帮助下,论文的内容可以得到拓展和丰富。

第三种是你所在领域的专家——他们和你在同一个研究领域,因而能更细致、更深入地点评你所引用的文献,以及文中的分析与结论,因为他们很了解相关的文献和研究。

多年来,本书的两位作者之间已经达成了一种默契,只要一方提出要求,另一方就会仔细看对方的文章。我们也和其他符合上述类型的人们形成了类似的默契,只要他们把自己写的东西发给我们,我们就会仔细看。就这样,一些互有交集的非正式"审读小组"逐渐形成了——要是这其中还有某些领域的领军人物,那就再好不过了,因为他们还能比较客观地告诉你,从现有的学术评价标准看,你的论文达到了什么样的水平。你不妨也试一试这种做法,在此过程中,你没准还会遇到值得结交一生的挚友。

现在,你又把文章放了一些时日,不仅自己带着全新的目光重读了一遍,还请其他人从不同的视角看了几遍,并已结合他们的建议作了相应的修改,这下终于可以投稿了——当然,如果你有足够的耐心,你还可以再把它放一星期,再读最后一遍。不过这样就差不多了:修改总是永无止境的,你必须有能力判断何时可以停下来。那么,把文章投出去,静候回音吧。

处理期刊的审稿意见

以前,期刊编辑部会以信函的形式将反馈意见寄给作者,而今天,作者收到的一般都是电子邮件。回函的内容基本上可以归结为以下四类:

　a 来稿非常适合在本刊发表,且稿件质量上乘,因此无需修改直接录用,或小修后录用。

　b 来稿符合本刊要求,但大幅修改后才可以发表。

　c 来稿符合本刊要求,但稿件质量未达到发表要求,故予以退稿。

　d 来稿不符合本刊要求,直接退稿。

既然前面已经说过如何选择合适的期刊,那么我们就假设你的文章符合期刊的要求,因而下面只谈(a)至(c)这三种情况。

你可能会觉得,上面的审稿意见挺像博士论文的那些评审结果,这么想倒也算不上错。和博士论文的评阅意见一样,不好不坏的中等评价——就是说文章本身不错,但还要再下点功夫——留下的解释空间是最大的。不过,投稿新手必须认识到一个残酷的现实:被期刊退稿的几率,要远远高于博士论文被毙。

让我们从退稿开始说起。只要是发表过文章的学者，几乎都有被退稿的经历。本书的作者之一特别喜欢提这样一件事：早年他曾给《应用 XX 学杂志》寄了一篇文章，结果收到的退稿理由竟然是稿件"应用性过强"；然后他把这篇文章寄给《牛津教育评论》(*Oxford Review of Education*)，结果是小修后录用。可见，有时候所谓的退稿理由其实没有多大意义。

不过，即便下面这句话可能会让你大失所望，但我们还是要说：在绝大多数情况下，上述论断都是成立的。期刊编辑部不太可能给你什么有建设性的意见（主要是因为没空），如果你打算反思一下被退稿的原因——我们当然鼓励你这样做——那么最好和一位熟悉情况的好友一起。这位朋友必须是你的好朋友，因为他（她）不仅要能帮你看稿子，要能对你的情绪感同身受，还要能温和而真诚地与你交流。同时，这位朋友还必须了解情况，不然就无法准确判断出退稿的原因。总结出相应的原因，不代表下一次投稿就一定会成功（当然，你还需要根据不同期刊的要求进行适当修改），但在此过程中，你会开始形成有助于提高发表成功率的默会知识。随着录用次数的增多，你也会深谙投稿成功之道。在被拒稿的时候看上面这些话，并不能带给你多大的安慰，但你不仅要诚实地承认自己有待改进的地方，还要坚持到底、永不放弃——你应该好好培养自己这两方面的品质。

但我们说过，中等评价才是最难办的。有时候，修改意见是比较明确的:比如要求你作一些较小的改动,只要按照他们的意思改完,你的文章就能被录用发表。但除此以外,在这种情况和直接退稿之间,还有很多更加复杂的情况。

不过,在我们开始讨论这些情况之前,也请你不要太悲观。只要你拿到了审稿意见,就请积极地面对。期刊的审稿人认为你写的东西有可能成为一篇达到发表要求的好文章。所以切记,一定要非常仔细地阅读这类反馈意见。如果内容很多(可能有好几页)就先打印出来,再用彩笔标出你认为需要注意的重点——这样一来,就像前面说过的博士论文修改标记那样,你有了一张条目明晰、可供参照的清单,而非一封冗长的信函。

接着,请用这张清单找出哪些要求比较简单、哪些要求比较难。你会发现,先做容易的事,能让你更有信心地去处理更难的事。如果20处修改意见中只有4处是比较难办的,那么解决完16个相对容易的问题就像是心中一块大石头落了地。

但如果你这样做了之后,还是不清楚他们到底想要你干什么,那就把审稿意见拿给熟悉情况的朋友看,征求其意见。如果你的朋友也不确定,那就要回去找期刊编辑,请他们再进一步解释一下。

这和修改博士论文是差不多的道理:那时候,如果你对修改意见有疑问,就得再回去找评审专家,请他们作口头和书面的说明,然后在之后的相关讨论中引用这些书面材料;同样,如果你能把需要修改的地方逐一整理出来,然后严格按照它们进行修改，那么你的文章就应该被录用并予以发表。

那么，现在我们就来说几个较难处理的常见问题，看看你该如何应对：

两位审稿人意见相左。如果你确定情况如此，那么请概括二人看法的不同之处，然后征求编辑的意见——在描述观点的差异时，一定要使用审稿人的原话。任何一位称职的编辑都应该能予以判定，并做出更清晰的说明。

一条审稿意见有多种解读方式。同样，请你使用原词概括其内容，并列出所有可能的解读方式，然后问问编辑是如何解读这些信息的。他们更倾向于哪一种解释？

审稿人表示，如果让他们来写，他们会换一种写法，因而希望你也这么做。还是那句话，你得征求编辑的意见——所以请转述审稿人的要求和你自己的打算，然后让编辑来做决定。如果编辑站在审稿人这一边，那你就要好好想想自己愿不愿意按那种方式重写一遍，或者应不应该改投其他期刊。

审稿意见实在太长、太复杂了，按照它逐一修改实际上相当于把文章重写一遍。好吧，如果你已经对上面的几种审稿意见作了些分析，那就应该能发现要做的修改可以分为下述四类：

ⅰ 改起来比较容易的；

ⅱ 改起来要花一点时间的；

iii 改起来要花很多时间，但你觉得有必要改的；

iv 改起来要花很多时间，并且你觉得改了之后反而会降低文章质量的。

i 至 iii 这三种修改意见都是很有意义的，唯独 iv 这种情况需要你和期刊编辑进一步沟通协商：你要说明自己接下来打算怎么办，并解释自己为什么不做其他打算。编辑的回复能帮助你最终确定是否要将稿子投给这本期刊。

这里还要再提醒一句：上面这个有关"中等评价"的部分看上去可能比其他部分更加难以捉摸、不甚乐观，但这是因为每一种情况都需要具体分析，接下来的每一步发展也都无法预料。不过，你要时刻牢记：只要能按要求进行修改，你的文章就可以发表。最重要的是，要始终做到彬彬有礼、头脑清晰，知道自己在哪些地方可以让步，在哪些地方不能让步——清晰、有理的好言好语，总要胜过清晰、有理的刻薄之辞。

最后，也不要忘了从直接录用中汲取经验。人自然要从失败中吸取教训，但也要懂得从成功中吸取经验。导师看完学位论文的各章节后，会给你正反两方面的意见，这两类建议你都应该认真地看，因为它们既能告诉你以后不该做什么，又能告诉你以后应该做什么。被录用的文章也是一样的道理——期刊编辑部会给你相应的反馈，但除此之外，你也可以从博学的朋友或学术评审委员会那里得到反馈，了解自己在哪些方面做得不错。我们不仅要避免重蹈覆辙,而且也应该学会复制自己的成功。

　　我们要说的就这么多。如果这最后一章的内容能对你有所启发,那么你不是已经获得了博士学位,就是已经在获得博士学位的路上了。如果你接受了这本书里所提出的建议,那么你博士论文的条理、结构和论点一定会让外审专家眼前一亮,想不让论文通过都难。但我们最后还想再说一件事——你可能已经知道我们要说什么了。你的学位论文,以及由之衍生的文章,都只是你人生某一阶段的成果,是你这一阶段学术思考和学术研究的总结。你可能已经发现了,博士论文最有价值的地方在于,让你明白整个研究过程中真正重要的东西是什么,而这就是你接下来要努力的方向。我们祝你一切顺利。

参考文献

Albuhairi S. (2015) *Preliminary Factors Necessary for Effective Implementation of Cooperative Learning, and Their Prevalence in Cooperative Learning Practice in Saudi Arabia*. Unpublished PhD Thesis, University of Hull, UK.

Alhatlani M. (2018) *Exploring the Perceptions of Informed Individuals about the Education Provisions of Bidoun in Kuwait*. Unpublished PhD Thesis, University of Hull, UK.

ASEAN (2007) ASEAN Qualifications Reference Framework. Available: asean.org/.../ED-02-ASEAN-Qualifications-Reference-Framework-January-2016.pdf.

Ayer A.J. (1940) *Language, Truth and Logic*. Gollancz: London.

Barnbaum D.R. and Byron M. (2001) *Research Ethics: Text and Readings*. Prentice Hall: New Jersey.

Bhaskar R. (1996) *Plato etc: Their the Problems of Philosophy and Resolution*. A 139 word sentence which won the Bad Writing Contest run by the journal *Philosophy and Literature*. *(THES 15/11/96)*.

Bjornavold J. (2013) *Global National Qualifications Framework Inventory*. Available: www.cedefop.europa.eu/files/2211_en.pdf.

Bottery M.P. (1986) *Bases for a Methodology, Content, and Psychology of Moral Mducation*. Unpublished PhD thesis, University of Hull, UK.

Bryman A. (1992) *Quantity and Quality in Social Research*. Routledge: London.

Bryman A. (2015) *Social Research Methods*. 5th Edn. Oxford University Press, Oxford.

Buckles J. (2015) *What are the Educational Implications of Developing a New Social Imaginary, Brought about by the Challenges to be Faced in the 21st Century?* Unpublished EdD thesis, University of Hull, UK.

Carr E.H. (1964) *What Is History?* Penguin Books: Harmondsworth.

Chalmers A.F. (2005) *What Is this Thing Called Science?*. 3rd Edn. Open University Press: Milton Keynes.

Cohen L. and Manion L. (1994) *Research Methods in Education*. 4th Edn. Routledge: London.

Council of Ministers of Education, Canada (2007) *Ministerial Statement on Quality Assurance of Degree Education in Canada*. Available: https://www.cicic.ca/1286/pan_canadian_qualifications_frameworks.canada.

Denzin N. and Lincoln Y. (2000) *Handbook of Qualitative Research*, 2nd Edn. Sage: London.

EQF (2005) *European Qualifications Framework*. Available: https://ec.europa.eu/ploteus/en/content/descriptors-page.

Feyerabend P. (1978) *Against Method*. Verso: London.

Field A. (2005) *Discovering Statistics using SPSS*. Sage: London

Guccione K. and Wellington J. (2017) *Taking Control of Writing Your Thesis*. Bloomsbury: London.

HKQF (2017) *Hong Kong Qualifications Framework*. Available: https://www.hkqf.gov.hk/en/KeyFeatures/levels/index.html.

Israel M. (2014) *Research Ethics and Integrity for Social Scientists*. Sage: London.

Kennett R.J. (2009) *Implications for the Selection and Training of Hostage Negotiators, Through an Analysis of Hostage Negotiation Data*. Unpublished EdD Thesis, University of Hull, UK.

Kerlinger F.N. (1969) *Foundations of Behavioural Research*. Holt, Rinehart & Winston: New York.

King S. (2000) *On Writing: A Memoir of the Craft*. Hodder and Stoughton: London.

Kuhn T.S. (1996) *The Structure of Scientific Revolutions*, 3rd Edn. University of Chicago Press: Chicago, IL.

McQuillan D. (2011) *The Changing Face of the Catholic Voluntary Secondary School in Ireland. The Experience of a Cohort of First Lay Principals*. Unpublished PhD thesis. Dublin City University, Ireland.

Miles M. and Huberman M. (1994) *Qualitative Data Analysis: An Expanded Sourcebook*. 2nd Edn. Sage: Thousand Oaks, CA.

O'Dea M. (2011) *A Framework of Gameplay for the Pedagogical Design of Educational Games*. Unpublished PhD thesis, University of Leeds, UK.

Philips E.M. and Pugh D.S. (2010) *How to get a PhD: A Handbook for Student and Their Supervisors*. McGraw-Hill Open University Press, Maidenhead.

Polanyi M. (1958) *Personal Knowledge: Towards a Post-Critical Philosophy*. Routledge & Kegan Paul: London

Popper K.R. (1982) *The Logic of Scientific Discovery*. Hutchinson: London.

QAA (2014) *The UK Quality Code for Higher Education* Available: www.qaa.ac.uk/en/Publications/Documents/qualifications-frameworks.pdf.

Resnick D.B. (1998) *The Ethics of Science: An Introduction (Philosophical Issues in Science)*. Routledge: New York.

Rittel H.W.J. and Webber M.M. (1973) 'Dilemmas in a general theory of planning', *Policy Sciences*, 4: 155–169.

Rudestam K.E. and Newton R.R. (1992) *Surviving Your Dissertation: A Comprehensive Guide to Content and Process*. Sage: London.

Shotter J. (1975) *Images of Man in Psychological Research*. Methuen: London.

Simane M. (2015) *Czech Minority Primary Education During the First Czechoslovak Republic*. University of Brno: Czech Republic.

Strentz T. (2006) Psychological Aspects of Crisis Negotiation. Published in the USA by CRC Group Taylor and Francis New York.

Wilkinson S. (2017) *The Wicked Problem of Prison Education: What Are the Perceptions of Two Key Stakeholder Groups on the Impact of Tame and Wicked Approaches to Prison Education?* Unpublished EdD thesis, University of Hull: UK.

Wellington J. (2013) 'Searching for "doctorateness"', *Studies in Higher Education*, 38:10, 1490–1503.

Wong Ping-Ho (2005) *A Conceptual Investigation into Spirituality and Conditions for Education in Spirituality, with Application to the Case of Hong Kong*. Unpublished PhD Thesis, University of Hull: UK.

附　录

扎根理论参考书目

Bryant A. and Charmaz K. (Eds.) (2007) *The SAGE Handbook of Grounded Theory*. Sage Publications: Los Angeles.

Charmaz, Kathy. (2014) *Constructing Grounded Theory*, 2nd Edn. Sage Publications: London.

Clarke, A. (2005) *Situational Analysis: Grounded Theory after the Postmodern Turn*. Sage Publications: Thousand Oaks, CA.

Glaser B. (1992) *Basics of Grounded Theory Analysis*. Sociology Press: Mill Valley, CA.

Glaser B.G. and Strauss A.L. (1967) *The Discovery of Grounded Theory. Strategies for Qualitative Research*. Aldine: Chicago, IL.

行动研究参考书目

Altrichter H., Posch P. and Somekh B. (1993) *Teachers Investigate Their Work: An Introduction to the Methods of Action Research*. Routledge: London.

Burns, D. 2007. *Systemic Action Research: A Strategy for Whole System Change*. Policy Press: Bristol.

Greenwood, D. J. and Levin, M. (2007) *Introduction to Action Research*, 2nd Edn. Sage Publications: Thousand Oaks, CA.

Noffke S. and Somekh B. (Eds.) (2009) *The Sage Handbook of Educational Action Research*. Sage Publications: London.

图书在版编目(CIP)数据

滴水不漏:学位论文写作与答辩指南 / (英)迈克·波特瑞,(英)奈杰尔·赖特著;毕唯乐译. --上海:华东师范大学出版社,2020

ISBN 978 - 7 - 5760 - 0268 - 3

Ⅰ.①滴… Ⅱ.①迈…②奈… ③毕… Ⅲ.①毕业论文—写作—指南②毕业论文—论文答辩—指南
Ⅳ.①G642.477 - 62

中国版本图书馆 CIP 数据核字(2020)第 048366 号

华东师范大学出版社六点分社

企划人 倪为国

滴水不漏:学位论文写作与答辩指南

著 者 [英]迈克·波特瑞 奈杰尔·赖特
译 者 毕唯乐
责任编辑 王寅军
责任校对 彭文曼
封面设计 卢晓红

出版发行 华东师范大学出版社
社 址 上海市中山北路 3663 号 邮编 200062
网 址 www.ecnupress.com.cn
电 话 021 - 60821666 行政传真 021 - 62572105
客服电话 021 - 62865537 门市(邮购)电话 021 - 62869887
地 址 上海市中山北路 3663 号华东师范大学校内先锋路口
网 店 http://hdsdcbs.tmall.com

印 刷 者 上海盛隆印务有限公司
开 本 787×1092 1/32
印 张 7.5
字 数 100 千字
版 次 2020 年 6 月第 1 版
印 次 2023 年 2 月第 4 次
书 号 ISBN 978 - 7 - 5760 - 0268 - 3
定 价 58.00 元

出 版 人 王焰

Writing a Watertight Thesis
by Mike Bottery and Nigel Wright
Copyright © Mike Bottery and Nigel Wright，2019
This translation of *Writing a Watertight Thesis* is published by arrangement with Bloomsbury Publishing Plc.
Simplified Chinese Translation Copyright © 2020 by East China Normal University Press Ltd
All rights reserved
上海市版权局著作权合同登记　图字：09－2019－845 号